解[illegible]青春期

陪孩子平稳度过10~18岁

方刚 著

人民东方出版传媒
東方出版社

图书在版编目（CIP）数据

解密青春期：陪孩子平稳度过10～18岁 / 方刚著. —北京：东方出版社，2021.1

ISBN 978-7-5207-1734-2

Ⅰ.①解… Ⅱ.①方… Ⅲ.①青春期－家庭教育 Ⅳ.①G782

中国版本图书馆CIP数据核字（2020）第211285号

解密青春期：陪孩子平稳度过10～18岁
（JIEMI QINGCHUNQI: PEI HAIZI PINGWEN DUGUO 10~18 SUI）

策划编辑：鲁艳芳
责任编辑：金 琪
出　　版：東方出版社
发　　行：人民东方出版传媒有限公司
地　　址：北京市西城区北三环中路6号
邮政编码：100120
印　　刷：北京洲际印刷有限责任公司
版　　次：2021年1月第1版
印　　次：2021年1月北京第1次印刷　2021年7月北京第3次印刷
开　　本：880毫米×1230毫米　1/32
印　　张：7.5
字　　数：145千字
书　　号：ISBN 978-7-5207-1734-2
定　　价：49.80元
发行电话：（010）85924663　85924644　85924641

自序

我的青春少堂课

作为性教育专家的我，现在常被孩子们问到：您自己的青春期是如何度过的?

我的青春期不堪回首，充满了磕磕绊绊的探索，其中也包括对情感和性的迷惘。

我的青春少堂课，它叫：青春期教育。

也许，这让我更能够站在青少年的角度，来思考和推动青春期的性教育。毕竟，青春期是通往成年的重要时期。

本书，便是我青春期的部分日记。我从 13 岁开始记日记，到 20 岁，历时 8 年，留下薄厚不均的 10 本日记，近 200 万字。这里收入的，是我 13 岁至 19 岁间的部分日记，约 7 万字。

但几乎涉及青春期的所有议题。

日记中记载了一个敏感的男孩子在青春期的心路历程，对理想和未来的思考，与家人和同伴的关系，还有磕磕碰碰的情爱探索。

三十多年后，这个男孩子成为青春期教育专家、性教育专家，他又回过头来，以现在的专业视角，批注、评点当年自己的青春期故事，思考有关青春、情感、爱、激情的种种困惑。

这意义便远远超越了个人的忆旧与反思，而成为一次对心灵的拷问。

我发现，时间过去了一代人那么久，我们面对的青春期困惑，却几乎没有变化。

我对日记的批注，分为“理解青春期的关键词”和“给青春期学生的话”两大类，相信这可以成为父母和孩子都爱看的一本青春期指导书。

相信它可以给今天处于青春期的孩子们，包括他们的父母、老师，一些关于如何度过青春期的启发。

翻开这本书，品读青春、梦想、激情与爱的话题吧！

方　刚

2020 年 2 月 4 日　疫情自我隔离期

目 录
CONTENTS

被老师打了怎么办?

遇到校园欺凌怎么办?

第一章

在青春期点燃理想的火焰

写日记，交友，奖惩，内向，家务，敏感，梦想，“青春期叛逆”，师德，依恋，爱美，秘密，虚荣心，自恋，欺凌……

青春期的种种表现，同时面对那个年代性教育的缺失；敏感、脆弱、多疑，从幼年起便伴随我很多年；躁狂是青春期的普遍现象，父母应该如何面对孩子的大发雷霆；做一个称职的教师和家长并不是一件容易的事；对自己外表的关注是青春期每个孩子的特点，何况，我还暗恋着一个“校花”呢……

我的日记

1981 年 5 月 6 日

从 1980 年第五期《八小时以外》中看到了李欣的文章——《向善于利用日记的人祝福——业余生活散记》，得到启发，想从今天开始记日记。不知道这次会不会像以往每次那样半途而废，不管怎样，我还是决定再做一次尝试。

理解青春期的关键词：写日记

对于青少年来说，写日记是一件非常有益的事。这不仅是从写作能力的角度，更是从青春成长的角度来考量的。家长和教师鼓励孩子们写日记的时候，通常是希望借此提高他们的写作能力。但是对于青少年来讲，唯一能够让他们每天写日记的理由，便是有话要说，而且是要对自己说。

青春期，是一个有太多心思的时期。青春期的少男少女，开始更深刻地感受自我与外界的关系，内心时时体验成长，而成长的过程往往又是冲撞的过程。“少年不识愁滋味，爱上层楼。爱上层楼，为赋新词强说愁。”其实，少年们内心真的有许多忧愁，只不过这种“愁”和成年人的愁不是一类而已。有“愁”的少男少女如果不赋诗，便去写日记了。

写日记，是和自己对话的过程，是消解各种压力与烦恼的过程，也是内心成长的过程。写日记的时候，内省，思考，和自己对话……就是在这个过程中，我们长大了。

当你有心声需要宣泄的时候，写日记去吧。

当你的孩子写日记的时候，你便知道，他长大了。

我的日记

1981 年 5 月 15 日

有些人，他们无耻地去抢占他人财物；有些人，他们倚仗自己的强横去欺负他人。我从心底憎恨他们，不愿像他们一样度过我的一生。

我愿做这样一种人，他们把别人的事当作自己的事，愿意去帮助别人，从不去伤害他人，但这种人往往成了前两种人的牺牲品。这个世界就应该是这样吗？我不相信。

还有一点，就是我越来越领悟“日久见人心”这句话的含义，我认为朋友之间不应做对对方不利的事，更不应该去想尽办法做这种事。我不会忘记，也将牢记这样两句话，第一句是老话："害人之心不可有，防人之心不可无。"第二句是我自己想的："交人先交心。"

理解青春期的关键词：交友

青春期的孩子们非常看重友谊，其重视程度甚至让身为成年人的父母不太理解，其实想一想你们年轻时，也有过同样的经历。

青少年不要害怕在交友中受伤，父母也不要过于担心孩子交了"坏朋友"。**青少年交友的过程，就是学习人际交往的过程，也是开始体会友谊的过程。父母需要注意的是，**孩子如果有健全的人格成长，有积极的人生观引导，他们就会自己做出交友与做人的判断。

我的日记

1981 年 10 月 28 日

今早五时起床后，我复习了外语单词，六点半，我照例叫母亲起床做饭。母亲说，昨晚应该告诉我，忘了，如果告诉了，就不至于在六点半叫她了，还可以睡到七点。要告诉我的其实是：早晨让我自己用油煎包子吃。

今天上午第二节课间，陈老师进来在黑板上写道："课间纪律又减 4 分，是谁？"然后说道："是谁一会儿来找我，不要让我查出来，停你的课。"没一个人承认。

第三节课下课，陈老师进来说："我查了，是他们记错了，校长、政教处所有老师都在那儿查记录，没有发生打逗事情，是他们弄错了。"我和同学们都松了口气，上月五项评比我班是第一名，这次如果还想得第一名就不能丢一分。如果再低，就要低于一班，这样我班的全校冠军就没了。

第四节下课后，查卫生的老师来了，正好一位同学脚边有一张纸屑，另一位同学说："快拿脚盖上。"那位同学连忙用脚盖住了纸屑，卫生老师没看见，又少丢一分。陈老师虽然听见了，但他没说什么，他又何尝不希望我班再得一次全校第一呢！

下午第一节是语文课，这节课复习古文。和以往不同，没有几个人认真听，我也一样。无聊时，我回头一望，只见除了课代表以外，全都心不在焉。这时忽然一只马蜂不知从何处飞起，在教室屋顶盘旋，同学们都仰起头来观看，这时小马蜂飞到了讲台附近，在语文陈老师的头顶盘旋了几圈，同学们不禁哄堂大笑。下课后，同学们争相捉那只马蜂，将它踩死。奇怪的是，第二节课又有一只小马蜂在教室里盘旋了，一同学跳起抓住了它，抛在地上，可不一会它又飞了起来。

放学后，陈老师说："政治复习答案不清楚的，留下来跟课代表对一遍，清楚的就可以走了。"

政治答案我很清楚，但见无人离去，我也不敢动身，生怕陈老师有其他意思，后来听不出陈老师有别的意思，才和一些同学一起走，随后又有许多人跟着走了。

出来后，有人说："如果课代表的答案错了，我们照她的背，不就也错了吗？"我觉得也是这样，但我走时并未考虑此点。

理解青春期的关键词：奖惩

原来三十年前，就有这种记分的奖惩措施。我儿子读中学时，学校里也有这样的措施。优点是激发了学生的荣誉感，激励他们遵守纪律、积极进取。但同时，也可能造成学生注重虚荣而忽视实质的问题。像"陈老师虽然听见了，但他没说什么，他又何尝不希望我班再得一次全校第一呢"这种情况，无异于是在教学生粉饰太平。于是我们便不再奇怪，为什么成人的世界里有那么多人对弄虚作假、粉饰太平的种种技巧驾轻就熟了。

一位真正懂得教育的老师，应该当即指出学生盖住纸屑的错误。他失去的可能是自己班级的一次评优机会，但得到的，却可能是全班同学人格的成长。

从"政治答案"一事，可见所谓"师道尊严"的束缚，学生如此惧怕老师，甚至担心他话外有话、"虚晃一枪"。在这样的师生氛围中，学生个人独立思考与决策的空间十分狭小。这也就不难理解，在这种压制强大的文化体系下，不可能寄希望于个人拥有情爱上的自由。

教育，应该永远把人格的成长放在第一位。

我的日记

1981年10月30日

我坐在窗前，看见外面的树有了落叶，十分激动，想起曾经听过的散文诗《落叶》，更是激动。我双手推开窗户，高声诵起诗中的几句话："待到春风再度吹拂，大地重着绿装，试看那碧玉妆成的万树枝头，分明又舞动着它的身姿。"

正在此时，我发现一片落叶从一棵树上飘落到平台上，于是我去把它拾了起来，因为此叶片残缺了，所以我又将它抛了。我此时是多么想得到一片完整无缺的落叶做纪念啊。

在回家的路上，我发现地上有许多落叶，便拾了一片，回家后我在叶子反面写上了日期，用来做这个纪念。

理解青春期的关键词：内向

一个内向的青春期少年，充满浪漫情怀，为一枚落叶而感动，为一朵浮云而神伤。这是青春的赏赐，年轻的心更接近自然，心灵在体验着世间万物。

和同龄的男生相比，我似乎缺少那种呼朋唤友的哥们儿，我只是太喜欢一个人思考、写作了。我显得很内向。

如今，人们在评价人的个性时，常常会把"内向"当作一种相对贬义的性格来评价，甚至常用"性格内向、沉默寡言"作为描述罪犯的心理特征。其实，外向和内向的个性都是中性的。相对于外向个性的人而言，内向的人显得沉默、不合群、孤僻，人们似乎常常不太知道他们在想什么，甚至会觉得他们有点呆笨。但实际上，心理学研究证明，内向个性的人并不呆笨，相反，他们更加敏感，有更丰富、细腻的情感体验，有更深沉的思考空间。正因为他们的敏感和悸动，他们对生命和自然的体悟也就更加真切。在“功利主义”盛行的年代，内向者的孤独并不能在短时间体现他们的“价值”，于是，他们就被诟病、被贴上了标签，歧视由此开始产生。

成年之后的我们，即使再内向、再蕙质兰心，也往往被世俗蒙蔽而丧失了这份品味自然的闲情逸致。

所以，珍惜这份感动，珍惜这份情怀吧。

我的日记

1981 年 10 月 31 日

午后，姐姐让我去买肉，我不去，姐姐气愤道：“爱去不去，你拿这气谁呀？反正我不馋，馋得像猫一样，还这么懒。”我自知是说我，却不愿言，继续背政治题。

沉默片刻，姐姐妥协了，提出条件，让我刷碗，她去买肉。我很快刷完了碗，可姐姐又提出了新的条件，让我在切白菜和买肉中选一件做。我这次怎么也不肯，又背起了政治。

1981 年 11 月 1 日

今天搬家。

早晨一起床我就离开家，先去奶奶那儿，告诉奶奶中午在那儿吃饭。奶奶问我，为什么躲开，不帮着搬家。我说我不愿意劳动，所以躲出来了。

理解青春期的关键词：家务

从这两则日记中，就能看出我当年是多么不爱做家务了，同时也能看出家人是多么宠我了。

鼓励孩子做家务，重要的策略是：不要把家务当作一个负担，更不要把它当作一种惩罚，而要使它成为一件有趣的事情，甚至成为一个游戏。

做家务不会累坏孩子，而会使他们从中学习处理自己事情的能力，学会对自己和他人负责。

我的儿子从小便积极参与家务，非常爱干活儿。我们也给他机会锻炼，比如学习做菜等。他到美国读大学后，可以自己做很好的中国菜给自己吃。这些是人生中重要的技能，需要从小培养。

我的日记

1981 年 11 月 2 日

下午自习课时，一同学的卷子落在地上，他自己踩了一脚，我告诉了他，他拿着卷子去找外语老师换了一张，我怀疑他说是我踩的，因此我们打了起来。班长把这事和上历史课的那事告诉了班主任陈老师，陈老师批评了我，把我调到第一排坐着去了，左、右、后都是女生，左有马红，右有李玲，后有张晨，这样我不好说话了。不过，我想这种局面维持不了多久，我又不悦又高兴，不悦的是，这样让我面子不好看，大家一定知道我是不守纪律调来的；高兴的是，这样我坐在后排看不清黑板的问题解决了，更方便的是……

理解青春期的关键词：敏感

敏感，不仅是青春期的特征之一，也是自幼处于弱势地位，或者在缺少父爱的环境中长大的孩子常见的个性表现之一。青春期的孩子也开始“爱面子”了。

请注意“更方便的是”一句，我生命中喜欢的第一个女孩，已经进入我的视线了。13岁的少年方刚，情窦初开。

我的日记

1981年11月3日

下午背了《汉语成语词典》A部分，还向妈妈问了几个不理解和不会写的词，我拿出姐姐从三舅家带来的那个较小的本子做“佳词集”，并在第一页上写下忘记是谁说的那句格言：“成功是不愿做懒汉的客人的。”

我还准备买一本大词典，5元4角一本，如果有了它，那么我的语文大脑中又要增加一些新的细胞了。

理解青春期的关键词：梦想

当年我已有成为一名作家的梦想，并意识到要围绕这一梦想做些努力了。

我自己观察的经验是：在青少年成长的过程中，允许他们怀有自己的梦想，进而培养他们远大的理想，树立崇高的人生目标，有时远比单纯地学好功课、考高分对他们的人生帮助更大。

有梦想、有理想的孩子，即使一时走了弯路，也会因为有梦在指引而转回；反之，即使一直在父母的“紧盯”下有优异的考试成绩，甚至一帆风顺，许多人进入大学之后也会开始走下坡路。因为读大学之后，父母不可能像中小学时那样“紧盯”着自己了，全凭自觉，而这时人生理想、上进心的影响就非常重要了。

我的日记

1981 年 11 月 19 日

晚上，妈妈上日语夜校回来，继父让我去开门，我正在看电视，虽不愿去，却还是去了，可走到门口，正好他朝门口吐了我一口，我忍无可忍，大叫起来，以物扔之，我俩打了起来。妈妈进来后，他还强词夺理，妈妈拉了半天架，我才回房睡觉。

躺在床上，我又听见他在说我的坏话，真是“欲加之罪，何患无辞”，我便埋头大哭起来，姐姐闻声进来劝我，我才不哭了。过了一会儿，姐姐在屋外听我是否在哭，我有一个多么好的姐姐呀。

理解青春期的关键词："青春期叛逆"

再婚家庭在面对孩子的时候，需要更有耐心和爱心来处理各种关系，这对于所有人都是艰巨的挑战。我父亲去世十年之后，母亲才再婚，而且特意找了没有孩子的继父，就是为了减少家庭矛盾。现在看来，继父其实是很好的人。

青春期的孩子与父母的冲突是普遍存在的。青春期孩子普遍被认为情绪波动大，喜怒无常，敏感、多疑，还喜欢和父母对抗。因此，出现了"青春期叛逆"一词。

但我们需要重新审视"青春期叛逆"这个词了，它其实是父母站在自己的角度提出来的。

进入青春期后，孩子的自我独立意识增强，如果这时父母还想像孩子小时候那样控制孩子，便会激发冲突。孩子会以强烈的情绪反应与父母对抗。所以，所谓"青春期叛逆"其实是一个伪概念，它只是要求独立的青春期孩子与不想放弃规训的父母之间的权力博弈。当父母的目的达不到了，便给孩子贴一个"叛逆"的标签。需要改变的，是父母。

现在，我经常对家长们讲：孩子进入青春期之前，父母要做的是多陪伴，给他温暖和爱，促进他的成长；孩子进入青春期之后，父母应该放手，给他自由。

如果冲突发生了，孩子情绪反应激烈，父母最好先沉默、回避，允许孩子释放，千万不要和孩子对着干。

这则日记中还提到，母亲上日语夜校回来，母亲那年 46 岁了，开始从头学习日语，且当时并无功利的目标，仅仅是因为她认为自己应该去学新的知识。60 多岁后，母亲仍然自学了计算机。她对知识的渴求以及不断的进取心，对我的人格成长影响极大。父母永远是孩子最好的榜样，如果你希望孩子变成什么样的人，你自己就要先成为这样的人。

我的日记

1981 年 11 月 20 日

今天一天过得不好。

上历史课时，陈老师让历史老师盯着我和张清，如果我们说话，立刻告诉他。我那时就气不打一处来。

自习课时很乱，可陈老师偏偏只抓住了我的一笑，说了我半天，还打了我。

他自己也承认，他盯了我一天了。

他还说："你将来倒霉就会倒霉在这爱笑上了，从一年级你就笑，笑到三年级。"

走在回家路上，我仰望天际星空，回首往事，总觉得陈老师的话不假。

入中学后，一日，我和同学笑，正好陈老师在说"五讲四美"，把我误解了，要请家长。

由于笑引起的事例数不胜数，只此一例就足以使我改过自新，我下定决心，以后不笑了，可这又怎么办得到呢？！

理解青春期的关键词：师德

学校环境对孩子的身心成长是非常重要的。

那位陈老师经常打学生，这在他看来是一件很平常的事情。当年的学校，老师打学生的情况比较常见。在我的记忆中，20 世纪 90 年代中后期，社会舆论才开始批评老师动辄打学生的行为。细细回忆，陈老师作为教师还是有很多优点的，但很多年后他留在我全部记忆中的，几乎都是打我时的情景。可见，教师体罚学生会给一个孩子带来什么样的心灵伤害。

教育和教师，曾经就是这样“毁”人不倦的。虽然那个时代已经过去了，但所有的教师都应该时时警醒：我是否因为处理不慎，而做了伤害孩子心灵的事呢？

提醒各位父母，如果你的孩子遇到了这样的老师，你可能需要一些技巧来“博弈”，而不是一味地忍气吞声，更不能支持老师打孩子。这不只是为孩子讨回公平，更重要的是，会影响孩子未来的处世态度。

给青春期同学的话：被老师打了怎么办？

我们自己要清楚：老师采取暴力体罚，是错误的。不论何种原因，即使你真的犯了错误，教师对学生施暴都是不可容忍的。“打是亲，骂是爱”“严师出高徒”“打你是为你好”，一直以来类似这样的话经常能够在各个场合听到。中国传统文化中就有认同权威的这种扭曲心理，现代社会中又普遍存在老师打学生是管教方式，而不是暴力的错误认知，相当多的家长也将此看作是老师负责任的表现。这样的认知，都纵容了暴力的泛滥。

暴力不是管教，更不是负责任的表现，暴力的目的是彰显权威。对暴力的支持，是对权威的盲从、屈服。暴力不会起到教育的作用，反而会带来很多负面影响。首先，老师的暴力实际上是在“教给”学生用暴力解决问题的方法；其次，暴力手段看似直接有效，但实际上只是利用痛苦和恐惧收到一时之效，不可能从根本上解决问题。

被老师施暴后，你一定会感到生气和屈辱，这是很正常的。你应该及时向父母求助，表达出自己的感受，获得他们的支持。父母可能会担心因反抗老师而影响老师对你的印象，影响你未来的学业。所以，你可以跟父母好好商量处理方法。你可以选择忍耐，尤其在老师的暴力只是这一次而不是“惯犯”的情况下。你也可以选择去找老师沟通，表达你对他暴力行为的不满；你可以要求老师向你道歉，同时要求老师不再继续采取暴力手段；如果老师拒绝道歉或是继续实施暴力，你和你的父母有权利找校长等人反映情况，提出诉求。当然，不可回避的是，你的维权行动将会给你带来很大的压力，建议你和父母沟通、权衡之后，再做出决定。

还要提醒你，我们提倡“对暴力零容忍”，是指对暴力行为零容忍，而不是针对老师个人。**所以，你可以反对老师的暴力行为，但不要因为他的暴力行为就彻底否定这个人。**

我的日记

1981年11月24日

中午到家，不知怎的，叫了几次门，无人理睬。自知无人，站在一旁等待。

两人走过，其中一位猜道：“这小家伙没带钥匙，对不？”我笑而应之。另一人说：“也不知屋里有没有人，我的邻居有一家在屋里煤气中毒死了。”听了他们的交谈，我不禁害怕起来，万一煤气中毒，万一触电，万一……

我不敢再想下去了，再次击门，还是无人答应，无可奈何，只得等下去。

时间一分一秒地过去了，还不见姐姐回来，我的心情也越加惊惶和害怕，觉得时间过得太慢了。

每当一人走上楼来，我怀着希望去看是否是姐姐，但皆失望。

忽然，一阵熟悉的声音盘旋在我的耳畔，是我家那辆1956年产的破自行车。

我欣喜若狂，奔下楼去。不出所料，正是妈妈和姐姐。原来，姐姐是和妈妈出去办事了。

我走进屋，疲倦到了极点，一头倒在床上。

理解青春期的关键词：依恋

害怕丧失，恐惧死亡，对亲人的格外依恋，这些在青春期并不罕见，但在我身上似乎格外强一些。这些源自幼年的成长经历，也为我日后在情爱关系中的处境埋下了伏笔。

父母应该理解孩子的这种依恋，并给予其充分的关心和陪伴，满足他们的情感需要。

我的日记

1981 年 11 月 26 日

上星期，我因为没有好衣穿，向妈妈诉苦，正好妈妈出门看到卖布的，就给我买了。我得知后喜不自禁，急不可耐地叫妈妈快做，可由于种种原因到昨晚才完工。上课时，我就在想我的新衣服了。回到家，我直入屋中，拿起新衣，穿上，对着衣柜镜子照来照去，乐不可支。

突然，我的目光凝滞了，发现衣服在背后凸出一块，我立刻转喜为悲，十分懊丧。央求母亲改一下，母亲和姐姐都说没有凸起，是我照镜时的姿势造成的，我自然不信，姐姐后来穿上给我一看，我才解除顾虑，转悲为喜。

1981 年 11 月 30 日

妈妈回来了！我抢下她手中的皮鞋，把妈妈推到房中休息。

好大的皮鞋，我不禁欢呼起来。

价格：20.2 元　地点：百货大楼　尺码：43 号

我去擦皮鞋了！

理解青春期的关键词：爱美

青春期的一个显著表现便是：少年男女开始关注自己的仪表，努力把自己打扮得靓丽一些。如果你的孩子出现了这个特点，不要取笑他们，这是他们成长的标志。

先是衣服，又是皮鞋，13 岁的我开始很关注仪表了。这是所有进入青春期的孩子的共同表现，更何况，此时我还暗恋着一个女孩子呢。当我试衣试鞋的时候，我脑中想象的，分明是她审视我的目光。需要说明的是，那双 43 号的大鞋对于当时瘦小的我来说确实太大了，但生活艰辛，母亲买它是为了能够让我多穿几年。

借此一提 20 世纪 80 年代的着装。一方面，改革开放改变了全国上下一片蓝的局面；另一方面，主流社会的头脑中对服装存在太多的禁忌。我读初中的时候，老师们每天早晨站在学校门口，剪过肥裤腿也剪过瘦裤腿。中学生如果穿上牛仔裤，那在道德和人品上都要受质疑。剪裤腿这种霸道的行为竟然被视作老师的一种正当权力。同时被剪的还有长头发，而何为长到需要老师下剪子的地步，并没有一定的标准。“瘦露透”是我读高中之后才有的词，而肥裤腿的所谓喇叭裤与瘦裤腿的牛仔裤是初中时学校的大敌，老师的借口是我们正常的发育受到了破坏。只有那些不怕白眼的对美好事物孜孜以求的同学才敢穿着它们上学。20世纪80年代的一个流行词叫“奇装异服”，当年的奇装异服在今天看来都土得掉渣儿了。

今天的青春期学生，也可能会穿上在他们的父母和老师眼中的“奇装异服”。成年人要了解两代人价值观的差异，尊重青春期孩子的审美价值和审美需要。有时，“奇装异服”只是他们用来彰显个性的一种方式。

当然，在这个过程中，也要避免攀比。遇到超出家庭经济能力的要求时，也可以真诚地说出家中的困境，请孩子理解。家长切不可“打肿脸充胖子”，那同样可能误导孩子的人生追求。

我的日记

1981年12月1日

我忽然意识到，要将日记涉及的范围扩大，使它起到更大的作用，做到包罗万象。

由于怕别人偷看我的日记，所以有许多事情总不记下来，此时我为自己壮了壮胆，记下了这段话。以后我将记一些之前我无勇气记录下来的事情了，我将不考虑是否有被偷视的危险。当然，如果它被偷看了，那么后果是不堪设想的。

今天对我的继父进行一段记叙：

去年夏日，他闯入了我的生活。

一天，他来到我家，妈妈介绍说他是同事。以后他几乎天天来，很晚走，每次都不空手。后来，他帮我补英语，当时，我们之间的关系搞得挺好，他和姐姐之间的关系也是这样。

后来，妈妈把事情告诉了我和姐姐。

也许是因为年龄的关系，我大不以为然，姐姐起初也和以前一样，可后来不知怎的，姐姐住在奶奶家，很少回来。

他和姐姐的关系是时好时坏的，当他和姐姐关系好时，他对我的态度明显地冷淡；当他和姐姐关系不好时，对我又过分地关心起来，搞得我很难为情。

渐渐地，我对他觉得陌生起来，好像不如去年夏天的那个他了，我们经常打起来。

我也曾努力“练习”叫他“爸爸”，可我还是张不开口。

过去他每月给我零花钱，我也时常找他要，可连我自己也不知为什么，渐渐地我不找他要钱了，他也不给我了。

刚才翻 1981 年 11 月 2 日的日记，看到上面的省略号。之所以省略，是因为有我不敢记录的东西，我将记叙这些文字，在这里命名为《我生命中的一半位置》。

理解青春期的关键词：秘密

记日记的青少年，迟早有一天会有秘密要记又不敢记的时候。

许多父母有偷看孩子日记的习惯，他们的用意是好的，希望了解孩子的思想，及时“纠正”他们的错误。但是，如果他们私看日记的行为被孩子知道，就可能失去孩子的信任，更加阻碍两代人之间的交流。

我的主张是：第一，从孩子还是幼儿起，便在教育中潜移默化地灌输理想、责任、自尊与尊重他人的行为准则。孩子有了健全的人格，父母大可不必担心他们犯什么太大的错误，可以相信他们会自己处理成长中的问题。第二，仍然是从孩子幼儿起，便同他们保持坦率、真诚交流的习惯，努力做他们的朋友，理解他们，而不是简单地指责或规训他们。当你成了孩子的朋友，孩子就会乐于和你交流他们的想法，而不再需要你去偷看日记了。

我的日记

1981 年 12 月 2 日

今天我一没穿黑呢大衣，二没穿那双 43 号的大棉皮鞋，冻得哆哆嗦嗦，但还是忍下了。

晚上，妈妈说了我很长时间，我一点点也想开了，我穿了大鞋，怕人视我为小丑，可如果因为怕别人说闲话便不穿，也算不得什么正人君子。

妈妈还说，有位伟人说过这样一句话：不管风吹浪打，胜似闲庭信步。

不想了，一切都不想了，由它去吧，不想了！

我鼓舞我之意志，先做到自己不求全责备。我经过认真修改，写了下面的诗：

他人讽者，未必丑也。

应他人之讽，小丑也。

欲止他讽，应先止自嘲。

常念他之讽者，证己之讽也。

己不念，他讽自亡矣。

1981 年 12 月 3 日

今天我穿了呢大衣，戴了帽子，穿了大头皮鞋，大有豁出去之意。也怪，这打扮，竟无人嘲笑我了。

理解青春期的关键词：虚荣心

对自我仪表的过分关注，总以为别人的眼睛都盯着自己，是青春期的典型表现。在那个物质匮乏的年代，想满足虚荣心并不容易。

另外，“虚荣心”也不一定是坏事，是可以加以引导，使其转变为一种荣耀感的。所以，遇到这种情况时，父母可以和孩子分享获得荣耀感的不同渠道。我们在衣装、财产、外表这些方面无法获得荣耀感，但可以在学业、思想等其他方面获得荣耀感，而这将是一种更长久的荣耀感。

我们的敌人来自我们内心，战胜了内心的敌人，我们就会变得格外强大。

我的日记

1981年12月13日

不知怎的，陈老师这几日对我说话的态度变得和蔼起来。

星期一体育课没上，他没批评我；外语作业没做，也没批评我；平时经常和我谈话，还很和蔼。

昨天，陈老师看我头发长了，让我去剃头，我今天下午和张清一起去剃头。

张清先剃的。他嫌理发师剃得少，说剃完的头发比我没剃之前还长。我剃了很短的学生头，这样一来我就不好看了，我真后悔当时没有让理发师少剃一点，长头发的确比短头发好看多了。

1981年12月14日

今天一到校，我就被同学们围住，笑我的“鸡子头”。我顶不喜欢这种品头论足的人，但也没有办法，只好当没听到。

中午回到家，一照镜子，我都有些不认识我自己了。我的头，长长的，两端细，中间宽，很是难看，这不禁使我想起了昨天理发的情景：

到了理发店，等待的座位上坐满了人，有的在焦急地等待；有的却翘着腿，被压在下面的腿像是要翻开上面那条腿似的，后脚跟儿一起一伏，打着拍子。还有一个中年人，在打瞌睡，到他理发时，他也总是让别人先理。

理发师的技术是高超熟练的，约一顿饭的工夫，头理好了，他又给我洗了头，然后又让我坐在椅子上，前后左右看着好像是在欣赏自己的作品，不时补上两剪，还时常征求我的意见，但我总是说："我也不懂，你看着理吧！"

我真后悔当初没让他少剪点。

我焦急地渴望头发快长长些，让我少受罪，我还用力拔了拔头发，好像这种拔苗助长的方式会使头发长快些似的。

理解青春期的关键词：自恋

青春期的青少年，对自己仪表的关注，有时会表现得很自恋。

青春期身体发生显著变化，这也使得青少年格外注重自己的身体形象。男孩在青春期对自己的身体变化多比较满意，女孩相比而言对自己身体的不满更多。

这些都是成长的过程，大可以顺其自然，不必过分担心。

当年我可不敢承认自己是自恋的，觉得这是一个贬义词，甚至是个有罪的词，因为“早恋”都是贬义和有“罪”的，何况自己爱自己呢？但是，今天的我早已学会为自恋而自豪，我总对别人说：“如果我们连自己都不爱，又怎么能够真正去爱别人和世界呢？自恋不是自负，自恋是珍爱自己有的，自负是夸大自己有的。自恋是一种动力与能量，推动我们去创造价值。”

我的日记

1981年12月18日

这几天很忙，日记也少记了，现在忽想起昨晚的一件事，很值得记一记。

昨晚放学和几个同学刚出校门，忽从黑暗中蹿出两条黑影，上前挡住我们，一个说：“有钱吗？借兄弟使使。”

另一个喊道：“都别跑，过来，过来。”

第一个说话的对我的一位同学说：“拿两毛钱来。”

“我没钱。”那同学说着，一翻口袋，不慎将五角钱露了出来，他忙说：“这是我爸让我买肉的。”

那人说：“借使使，以后有什么事找我们，我们天天在这儿。”

那同学这时已将那五角钱放回口袋，又说：“这真是我爸让我买肉的钱。”

那人还是伸手抓走了。

理解青春期的关键词：欺凌

20世纪80年代初的社会治安不比现在，几乎每所学校门口都有一些游手好闲的青年，惹是生非，骚扰学生。当年好像没有专门的词，按现在的词，可称之为“校园欺凌”。校园欺凌的存在，对青少年的健康成长构成了威胁，教育机构乃至整个社会都应该对此承担责任。

同时，这些游手好闲的欺凌者，也多是青少年，他们也是教育失败的牺牲品。

这些年，校园欺凌现象受到重视了。父母遇到自己的孩子被欺凌，一定要及时向学校投诉，必要时应报警，给孩子足够的支持与保护。

给青春期同学的话：遇到校园欺凌怎么办？

校园欺凌是发生在学校内外、学生之间一方（个体或群体）蓄意或恶意通过肢体、语言、网络或其他手段实施欺负、侮辱而造成一方（个体或群体）身体伤害、财产损失或精神损害等事件。

当你遇见了校园欺凌，该怎么办？在保证自己安全的情况下，若在校内发现欺凌事件，一定要告诉老师；若在校外发现欺凌事件，则要打电话报警。回家告诉自己的家长，班级里发生了这样的事情，请家长跟老师沟通解决。可能的话，你自己或拜托你的家长联系被欺负的同学的家长，请他们出面与学校和欺负人的同学的家长沟通以解决问题。必要的话，可以通过法律手段解决。

如果老师能够认识到事情的严重性，就要在全班范围内开班会，以反校园欺凌为主题，对同学们进行反欺凌教育。

青春期的孩子都很在乎和重视同伴关系，被欺凌的同学内心更是渴望并寻求同学的关心和支持。你可以在保证自身安全的情况下，帮助和支持被欺凌者，一个关心的眼神和微笑都会让他感受到温暖和力量。如果选择和他做朋友，更是对他莫大的支持。并且我相信，正义和善良的同学一定不止你一个，大家可以慢慢团结其他同学一起做朋友。

如果被欺凌的同学心里十分孤独、难过，持续很长时间，甚至影响学习生活，可以建议他去找学校的心理咨询老师做咨询，咨询师会给他温暖和支持，并协助他走出被欺凌的困境，清理内心被伤害的感受。

当你被欺凌，该怎么办？请记住：欺凌者不会因为你的软弱而住手。所以，你需要做的是：报告父母、报告老师，必要时报警。你一定要找到最能帮助你的人，父母或某个关系好的亲戚、长辈，班主任老师或者其他老师，与打人者的家长交涉，要求他们公开道歉，赔偿你的物质、精神损失。

假如学校的处理不公平，没有让欺凌者受到应有的惩罚，你可以将情况反映到教育局，或起诉学校未尽到监护责任，还可联系媒体曝光。

如果因此有人说你“给学校抹黑”之类的话，请记住，你没有做错任何事，给学校抹黑的是施暴的同学和不公正处理的老师、校长以及因此攻击你的人，唯独不是你。

如果你觉得压力过大，可以选择转学到其他学校。

如果你不想转学或者没办法转学，我们便需要加强自身能量，避免再次受到欺凌。或许，你可以尝试以下方法：

1. 努力结交朋友。无论在校园里还是社会上，都是多个朋友多个帮手、多条出路。主动打招呼、真诚助人是不错的交友方法。交友范围不局限于同班同学，学长、老师、长辈都有可能成为你的朋友。

2. 发挥自己的特长。无论自己有哪方面的优势，都要去加强。使自己成为一个独特的、有优势的人，更容易获得老师关注、同学拥戴。

3. 寻求专业人士帮助。遭遇欺凌，会让人变得不自信，有时还会自责，认为是因为自己哪里不好或不对才被欺负的，时间长了会影响心理健康。建议找心理咨询师帮助疏导情绪、调整认知、优化行为。

我的日记

1981 年 12 月 22 日

今天有件事迫使我不得不拿起笔。

中午大爷来我家吃饭了。走后，妈告诉我，大爷说，小刚学文科并不好，各个时代对文学的看法不同，要想真正成名成家太不容易了。

我不由得失望，看来成为作家的美梦又要破灭了，我很伤心，好像失去了什么似的。

我不禁想起，人类总会毁灭，即使我英名永存，千秋万岁之后流芳百世，也终有被人们淡忘的一天。我的成名成家思想，太严重了！中国人口十亿，成名者几？广大的人民不都是在平凡的岗位上工作吗？难道我就一定要出类拔萃吗？不，不，绝不。

不想了，什么也不想了，让一切都成为过去，我要写新的篇章。

理解青春期的关键词：成名欲

事实上，成名成家的思想伴随了我很多年。直到 30 岁之后，经历了许多人生的起伏，也看了许多别人人生的起伏，我才豁然放下了。

但人年少时，成名成家思想的存在其实是一件好事，如果一个人在 20 岁的时候没有过狂妄的梦想与追求，则是一种遗憾。因为，对功名的追求，也是上进心的一种表现，可以使我们更加努力进取。

所以，现在我给孩子们讲性教育的时候，我都鼓励他们树立远大的人生理想。许多孩子会说自己要成为“著名的……”，没有人会嘲笑他们，我会真诚地赞美和祝福他们。这也是时代的一个巨大的变化，在我青春期的那个时代，“成名成家”的思想是受到否定的，认为那太“个人主义”了。

我的日记

1981 年 12 月 26 日

第二节考化学，我偷看了吴天文的试卷，陈老师因此打了我，还要请家长，几经周折，我还是回了家。

我还意外发现了一个旧日记本，翻开一看，但见第一节上写着：“江湖的源泉是细小的溪流，知识的猎取要从每分钟算起。从生 1956.2.14”

从生是妈妈的笔名。细一看，这个日记本中有母亲自己和母亲同事写的诗，还有母亲抄的名人名言。

我兴奋起来，决定继续用这个本子写诗。我写了一首诗，用的笔名是方兴，从成语“方兴未艾”取来，整个成语的意思是：事物正在发展，还没有停止。“方兴”义是：正在兴起。我要用“有志者，事竟成”这句话来激励自己，但比起 22 日前我自觉老练多了。我不再想成为名人了，真正开始想如何对人民有益处了。

晚上，我让母亲看了我的那首诗。母亲说，这不是我写的，一定是从哪儿抄来的，我觉得不生气，而是兴奋。一句不是我写的，胜似十句夸我赞我的话。

后来，母亲指出了诗的缺点——不押韵，说真的，我现在对押韵并不理解，准备放假后向妈妈学习。

妈妈还告诉我，她年轻时也很爱好文学，发表过一些作品，还是《光明日报》的特约通讯员。

我对这个日记本爱不释手，十分珍惜。

理解青春期的关键词：理想

看到别人家里有小说和语文书，便想到人家也有当作家的理想，而当时的我，还不敢对别人谈自己的这一理想，觉得理想太高，会让别人笑话。事实上，那个时代还不鼓励“个人奋斗”。有研究显示，许多孤独内向的孩子都幻想成为作家，这也许是因为他们比其他人更需要发出声音吧。虽然那时候我的学习成绩已经是中等偏下了，我已经出现了“问题少年”的一些“症状”。但是，值得欣慰的是，我一直有理想。

直到今天，我仍然认为，理想对一个人的人生是至关重要的。你可以是一个“中等生”甚至“差等生”，但只要你心中有梦想，你就还有希望。

所以，父母、教师要致力于点燃孩子心中理想的火焰，而不是浇灭它们。

单相思，怎么办？

为青春痘苦恼怎么办？

不敢和异性搭话怎么办？

暗恋要不要表白？

爱要怎么说出口？

被同学传绯闻怎么办？

表白被拒，求爱信被公开，同学嘲笑，怎么办？

第二章

直面青春期的心理变化

印象管理，内化，污名化，投射，羞怯，支持系统，学习，男性气质，幼稚，初级群体，心事，晚熟……

开始正视并记录自己的情感，幼稚的过程，与出乎意料的结束方式；对青春期恋爱的污名是如何影响我们的；暗恋是如何消耗我们的能量的；她开始恶狠狠地咒骂我，我却有一种如释重负的快感……

我的日记

1982 年 1 月 13 日

星期日（也就是 10 日）下午和我班部分同学去看电影，交电影钱时，那收钱的同学说我给的是两角，于是我又拿出一角想换回两角，可其实我交的是一角，他在骗我。不仅如此，他还说什么我财迷之类的话，我很生气，如果后排不是女生的话我也不会如此生气，而且马红也在其中，马红说过我财迷之类的话，我知道她错了，我正力求改变她这种印象，偏偏又有了这事。我很不高兴，可又没办法。

我想，如果我真财迷，别人说我也可以，但是我不仅不财迷，而且很慷慨，这是有例可证的。例如：我把价值十元的 100 枚邮票给了张剑，把价值不下五元的其他东西也给了张剑；还把价值一元五角的半裸体外国邮票给了王权，这样的例子数不胜数。

我又想，如果收钱的同学不财迷的话，他说我也还说得过去，可他很财迷。例如：找我去玩，走时明明有钱，却向我要五分钱的车费；和他一起去玩，看见卖东西的，他总是鼓动我买，给他吃。此时我忽然领悟到，他之所以说我财迷，是因为他自己财迷，可又怕别人知道，我更加恨他了。

不禁作呕起来，但我更怕的是，马红会永远这样认为我，那对我可是太不利了。

什么时候，人们才能认清我哪？！

明天我将开始记录《我生命的一半位置》，这是1981年12月1日想记的，直到明天才能开始记，这是暂时的命名，等我想到好名字时，就更换下来。之所以要到明天写，是因为：(1)我今天写的不少了。(2)我心中有些害怕，害怕被人看见，因为这事只能我自己知道。到明天我将做好自己的思想工作，我想这是可以的，因为做自己的思想工作我是个内行。(3)文中涉及的人和事我要好好回忆一下，虽然我天天都在回忆。(4)我也将打个草稿。

理解青春期的关键词：印象管理

到了揭开面纱的时候了，马红，便是我暗恋的那个女孩子。因为同学当着她的面说我财迷，令少年的我好恼怒呀！人际交往中的印象管理在此发挥作用。

印象管理是指，我们在和人交往的时候都会采取一些策略，希望自己留给别人的印象是好的，所以会极力展现好的一面，不愿意暴露不好的一面。

一个情窦初开的男孩子，在面对自己“心上人”的时候，努力地要表现出他身上的优点，就好像一只好胜的公鸡努力展示着自己的羽毛。和之前对自己外貌的重视相似，这是青春期男孩和女孩面对异性时非常正常的表现。

我的日记

1982 年 1 月 30 日

这几日内完成了寒假作业，就无事可做了，终日待在家中听收音机。

因为终日消沉，我正极力从这种境地觉醒。

几日来的电视和现实生活中的一些事情，使我进一步认识了这个社会。

我想，我虽然可能无法看到共产主义社会的实现，但我认为，我一定要努力使人类更加文明、智慧，具有高尚道德。我将为之奋斗终生。我将来也许是一个不为人们注意的无名小卒，但不论怎样，我都要做一个正直的人，这是人生的意义，人生的意义是使人类更高尚、文明！

理解青春期的关键词：内化

“终日消沉”，是因为心中有暗恋的目标，无法集中精力到学业上。

暗恋其实是一种非常浪费时间和精力的情感状态，内心喜欢着，却不敢说出来，纠结于此，便难以集中精力去做事情了。与我当年的这种暗恋相比，那种彼此喜欢，上学一起走，放学一起走，相互谈心的“早恋”，其实是很节省时间和精力成本的。然而，当时的教育界、社会文化对于中学生恋爱的态度一律是“谈虎色变”的，这便使得初涉情场毫无经验的爱情萌芽不得不陷入“暗恋”的压抑之中，“早恋”的罪恶感由此在学生心中扎根。

“共产主义社会”的理想，仍然是20世纪80年代初期的社会流行话语。一个话语被反复重复和强调，便会对人产生潜移默化的影响，对于一个尚不能充分自主思考的中学生更是这样。

对情窦初开的自我否定，对共产主义理想的追求，都是所谓的“内化”过程。

我的日记

1982年2月11日

今天是开学第一天。

我细细一算，上课时间没有100天只有89天了，今天上完就88天了，5月25日就要放假了。

今天我又想起《无题》的写作了，的确，一旦对哪一个人产生了爱情就不易消失，尽管我极力想把这种感情埋藏在心底，可我还是时时想起，也许这种感情是不真挚的，但我认为这不仅是建立在容貌上的感情，当然这也是一个主要因素。她举止端庄、文静，难怪许多人对她心怀叵测。我不禁要发笑，我的情敌还不少呀！也许这种感情是单方面的，但我渐渐发现这并不是单方面的，我并不是想像 ××× 和 ××× 那样“搭伴儿”。虽然她比我大至少一岁，但我认为年龄并不重要，重要的是感情，真挚的感情。我知道这会影响学习的，没有挑明，也有这个原因，我想最起码也要到初中毕业后再挑明，我决定把《无题》的写作分散到平时日记中记录一下，其实我已经这样做了，不多写了！

我日记的保密性到了极点，我相信姐姐不会看，妈妈也没时间看。妈妈回来了，不记了！

妈妈给我买来了一双二十六公分、四十二号上海的球鞋，用了三元四角四分钱，穿上这双鞋正合适，轻如乘云，我终于摆脱了大皮鞋的“迫胁”了。

理解青春期的关键词：污名化

青春期少年最早萌动的感情，是非常纯洁的，其中甚至根本不涉及性的因素。当然，这不是说涉及性就不“纯洁”了。

我的文字中第一次出现了“爱情”这个词，三十多年了，仍然记得当初写下这两个字的时候那种快乐的感受，如真的吃禁果一般，自认为自己的感情是崇高的，所以特意说明不同于别人的“搭伴儿”。所谓“搭伴儿”，是当时对学生们“早恋”的一种称谓。可能因为老师是带着贬义使用它的，所以我也将其赋予了贬义。而事实上，我的“爱情”所向往的，不也是同样的“搭伴儿”吗？对于那个时代那个年龄的我来讲，没有进行独立价值判断的能力，一方面自己无法克制地陷入“爱情”当中，另一方面又将别人同样的感情视为不好的事情，通过与别人划清界限来宽容自己这份同样属于被当时主流社会贬斥的感情。

至于因为马红比我大一岁便很认真地写道“年龄并不重要”，可见我当时受“男长女幼”的传统社会性别模式毒害有多么深。

老师拥有着掌控校园主流文化价值导向的权力，他们对“爱情”贬义描述，将青春期孩子纯洁、美好的对异性的向往的情感贬低了，赋予了“搭伴儿”这种侮辱性的社会标签。但同时，老师又何尝是真正的权力拥有者呢？那么真正影响当时的我和同学们乃至家长、老师对青春期爱情态度的又是什么样的力量呢？社会主流价值观，就是这样深刻地影响着我们的。

我的日记

1982 年 2 月 12 日

我今天不止一次地感觉到了她的目光，但我们的目光没有相遇，一是我没有胆量，怕别人看见，二是没有机会。政治课老师批评吴志文时，我回头看他，当我回过头时，她的目光正好移走。我的目光停留了不到一秒钟，她没有移过目光，我便收回了目光。我想，我们的关系不能加近了，这会影响学习和其他一些事情，可我也不能不应付一下，不能使这种火焰在她心底熄灭。我感到被动，早知如此，我何必过早表露这份感情呢，现在表露就好了。总之，我坚持下这87天，多么难呀，不能让这种火苗变成火焰，烧破这窗户纸，又不能让它熄灭。

姐姐上夜校要回来了，不多写了。

See you tomorrow.

1982年2月13日

今天我又不止一次感觉到了她的目光，但没有昨天多了。下午班会，陈老师站在她那面总结开学以来的情况，我看陈老师，她自会以为我在看她，同时我还加上一些修饰动作。真有趣，保持火苗稳定性是多么难呀！

理解青春期的关键词：投射

想起一则故事，相传苏东坡曾拜一得道高僧为师，每天诵经念佛。一天，高僧问苏东坡，自己诵经时像什么？东坡说，像一堆粪土。苏东坡又反问高僧自己诵经时像什么？高僧答，像一尊佛。东坡得意地对小妹提及此事，苏小妹大笑不止：因为你心里装着粪土，所以看什么都是粪土。师父心中装着佛，所以看什么都是佛。

这便是心理学中的“投射作用”了。投射作用是指，人们常常下意识地根据自己的需要，将自己的特征转移到他人身上的现象，是一种情绪的主观指向。实际上是把自己身上存在的心理行为特征推测成在他人身上也同样存在，之前的日记中也记载过类似现象：自己财迷，会觉得别人也财迷；自己对某种社会现象不满，总以为别人也这样，但偏偏并不一定能认识到这实际上就是自己。投射作用影响着对别人和事物做出正确的认识和判断。单恋中的人，则更容易产生这种投射效应——自己喜欢别人，便觉得别人也喜欢自己；自己在注意别人，便认为别人也在注意自己。即使求爱被拒，也不愿意相信，甚至想是不是对方在试探自己，或者对方不好意思承认。当确信对方不喜欢自己的时候，会有些吃惊：“我这么喜欢 TA，TA 怎么会不喜欢我呢？”

认识到这只是一种心理误解，就容易从求爱失败的经历中走出来了。

给青春期同学的话：单相思，怎么办？

日记中的我，其实正处于单相思状态。

单相思也是大多数人都经历过的一种心理状态。单相思算不得病，但过分的单相思会导致严重的心理失调，成为单思病。

单相思是每个人情感成长的中间驿站，几乎所有男孩、女孩在爱情到来之前都不那么自信，都需要沉浸在单相思的痛苦中慢慢觉察自己。单相思更像一种自我恋爱，通过单恋一个可爱的人来认同与接受自己也是一条自我成长的捷径。单相思意味着内心情欲的觉醒，被那个影子催化。

单相思是一件痛苦同时又让人暗自欣喜的事情，一厢情愿地付出而没有收获时常会让人烦恼，而得到相对回应的时候却往往会给人带来不寻常的动力。

单相思者如果不能得到及时的心理调整，严重时会出现自伤、他伤倾向，不仅影响学业、事业，而且影响身心健康。人陷入单相思后，总是难以克制情绪，生活无规律，从而影响日常活动，甚至还会产生一些不良的行为或欲望，此时可以看看电影、旅游，使自己的注意力由对方身上转移到其他生活内容上来，消除自己的烦恼。单相思者不要把痛苦长期埋在心底，独自品味，使自己长期陷入苦闷和烦恼中，从而影响身心健康，而应找自己的亲戚朋友倾诉一下心中的烦恼和痛苦，以减轻自己心灵上的负荷。

从积极的一面看，有的单相思者追求的是一种精神寄托，他们痛并快乐着。如果把单相思化成一种正能量的话，对我们的影响也会很大，如果你的精神有了寄托、化爱情为力量，这种力量能使你的行为发生很大的变化，如学习成绩不断提高等。所以，从这个意义上说，单相思也有它积极的一面。

我的日记

1982 年 2 月 15 日

妈妈说年轻人都要长一种叫“青年痘”的水疱，她说她年轻时也长了一脸，好几年才下去。我真害怕，姐姐却没长，真幸运。

给青春期同学的话：为青春痘苦恼怎么办？

青春痘是因为青春期内分泌旺盛，过分活跃的荷尔蒙刺激了皮脂腺分泌油脂，累及毛囊及毛囊皮脂腺而引起的慢性炎症性皮肤病。很多人不仅脸上长痘，胸前、背后、肩膀也会因为油脂分泌过多而长痘，不仅女孩子会长，男孩子也会长。事实上，这是正常的新陈代谢需要，也是正常的生理反应。痘痘是提示我们进入青春期了，身体发育趋于成熟。

绝大多数青春期的同学都或早或晚会长青春痘。

心理学研究表明，我们越排斥什么，什么就越亲近我们。不管痘痘如何，重点是我们要接纳它。有了健康的身体，我们才可以踏实地走在人生的旅途中，迎接生命中的各种考验，做喜欢做的事情，实现自己的人生目标。

除了接纳痘痘，平时我们可以做些什么呢？建议做好脸部皮肤的清洁工作，防止毛囊口堵塞；合理调整饮食结构，饮食要清淡，尽量少吃油炸、辛辣等刺激性食物。出油较多时，用面巾纸或湿巾轻轻擦拭脸上的油；避免使用含有刺激成分的化妆品，选用化妆品前可以看看成分，看有没有人工色素、人工香料、石蜡油、矿物油、十四酸异丙酯等，这些物质都容易堵塞毛孔；避免皮肤过度干燥，皮肤有自我调节的功能，如果它感觉干燥了，会通过出油的方式来维持平衡，结果就会导致恶性循环；经常更换毛巾、枕套等常接触脸部皮肤的用品，并保持其清洁；保证充足睡眠，注意休息，保持心情愉悦。

最重要的是不能挤痘痘，尤其是不能挤危险三角区（鼻子根部到上唇角）的痘痘，以免引起细菌感染。**一般情况下，青春痘会随着青春期的结束自行消失，如果经常发炎，甚至化脓，则需要去正规医院看医生，以做进一步治疗。**

我的日记

1982 年 2 月 21 日

19 日，陈老师又小调了座位。这次调位，把我调到了她的身边，我说不出是什么滋味。原来距离远，不说话在情理中，如今近在咫尺，不说话就不妙了，可越是近，我就越胆小，一日无话。

20日晚自习时同她说了句话，我向她借作业，她借给了我，我发现，她是单眼皮，这丝毫不影响她的美貌，但我却产生了一种难言的思虑。

她也不止一次地看我，我感觉到了。

理解青春期的关键词：羞怯

青少年的男女，不敢表露爱情，还缘于羞怯。

情窦初开时的羞怯，因为单纯，也因为社会文化对青少年的爱情多持禁止的态度与负面的评价，而不知道该如何处理这种关系。对我而言，还与幼年时成长环境造成的我的自卑有关。

事实上，彼时我所呈现的这种青春期少男少女普遍会有的“心相近，形相远”的情形，从某种程度上看，难道不是因这种禁止的态度和负面的评价在我心里构建的对情感追求的障碍吗？

而同时，我缺少勇气对自己所爱的人表达感情，又要为这种胆怯寻找种种借口，甚至将其美化成“怕影响学习”，但最关键的自身原因是自卑。我成年前的感情一直都是单恋，单恋的时候做得最多的便是一厢情愿地胡思乱想。

从小形成的“自卑”心理有很多原因，主要原因是童年时遭遇过多的负面评价。幼年便失去父亲的我，和母亲、姐姐一直过着小心翼翼的日子，但我还是常常遭到同龄孩子的欺辱，这些欺辱变成强烈的否定扎根在我心里，使得幼小的我在人格形成时，难以充分体验自我价值。在从小经历了过多的否定和批评的孩子心中，他人的表扬和赞美成为他们感知爱、体验自我价值的重要途径，从而使得这样的孩子在成长之后很容易形成自卑、讨好的人格特征。

给青春期同学的话：不敢和异性搭话怎么办？

不敢和异性说话，这是青春期的常见现象，在异性恋的男生和女生身上都会出现。当然，同性恋的同学可能是和自己喜欢的同性说话时感到惊慌。这是受青春期性心理发育、性意识觉醒影响的。

在青春期，充分的、广泛的异性交往，是建立良好亲密关系的基础。交往可以增加对异性的了解，塑造自己的社会性别意识，获得心理上的安全感和稳定感，还有助于使性格变得活泼开朗，倾听到同性伙伴不能提供的意见和建议，开阔视野与思路，锻炼提升人际交往技巧。而和自己喜欢的人“搭话”，也可以更好地了解TA，拉近彼此的关系。

下面给你一些方法和建议：

1. 空椅子练习。找一个安静不受打扰的环境，比如在家或者学校放学后教室无人时，对着一把空椅子，想象是某个异性坐在那里，看着TA，和TA说话。从简短的话开始，比如，问今天作业是什么，借一下某本书，看某个电影没有；再到复杂的，比如，谈谈你自己喜欢听的音乐，对某个电影有什么看法。多假设不同的同学，不同的场景，说不同的话，包括动作、表情、走过去的姿势，都要演练！练多了，熟悉了，再到真正的生活场景中去做。

2. 不要逃避和异性交往的机会。感觉紧张的时候，做做深呼吸，想想空椅子练习，干脆把 TA 当作一把椅子。在交往中，要努力尝试正面看他们，并同他们进行轻松的语言交流。你要知道，紧张有可能是你担心自己的表现，怕出错，其实，很多人都在忙自己的事，有的同学比你的胆子还要小些，并没有人会特别注意你。即使你说错了，也没什么大不了的，没人会记得。要多想交流非常顺利的场景。

3. 练练朗诵。比如朗读散文、诗歌等，朗读能让你的语言表达更通畅、更清晰，长期坚持，不仅你语言方面的能力会得到提升，说不定还能提高语文成绩呢！

这个过程是一个缓慢的、循序渐进的过程。可以定个目标，比如，第一周，每天和异性说一句话；第二周，每天说两句，逐步增加。在这个过程中，你可以先同自己亲朋好友中熟悉的异性接触，然后再扩大范围，慢慢适应同其他更多的同学接触。也可以寻找很多人讨论的时机，先做听众，安静地聆听大家的交流，慢慢熟悉之后，找到合适的话题参与集体讨论。

我的日记

1982 年 2 月 25 日

今早四点左右起床解手后，过了好长时间才睡着。这段时间我想了很多，很多。想起了她，她和 ××× 的目光相遇，她对 ×× 有如她对我那样的目光，这一切一切，都出现在我的眼前，使我心乱如麻。

我想，她会不会像电视剧《相思豆》中女主人公那样轻浮，如果是那样，我也许会离她而去。

我发现，班里女生中有三四个知道我和她的事情了，也许还有更多的人知道，这些人很明显在给她出谋划策。她是对的，她是主动的，可我没有一个知心而又不好色的朋友。对庞联军不能说这种事，因为我们从未就这些问题谈过。对于王权？可以，一定是可以的，可是现在不行，等考完试，毕业了，再对他说，然后让他帮我转告她。

我现在如果向她求爱，她也许会答应的（不过，她也许会认为我是为了“搭伴儿”），如果她拒绝了，并张扬出去，不可想象，我将多么尴尬，即使不宣扬出去，也是不好办的。

不想了。

理解青春期的关键词：支持系统

在痴恋的人眼中，会凭空冒出许多情敌来，内心暗暗吃醋。自己喜欢的人，会觉得别人也喜欢——这又是投射效应了。

年少的我在学校虽然有几个朋友，但是在恋爱这件事情上，我很难找到自己的支持系统。因为我知道，这是难以启齿的，这是不被肯定的，这是可能会失败的，所以这是难以找到支持的。于是，缺少支持系统的我，将所有的担心、焦虑压抑在心里，没有人诉说，没有人出谋划策，我便显得更加孤独，也更加难受。

如果父母在青春期孩子的恋爱问题上能更多采取宽容的态度，让孩子有勇气把这些烦恼告诉父母，并取得父母的理解和支持，那么他们在情绪上就可以得到更多的支持，也就少了很多不必要的担心和焦虑。而同时，能够和孩子交换秘密，成为孩子心理上的支持系统的父母，也将对自己的孩子有更加全面的了解，能够更好地帮助他们掌握解决生活烦恼的技巧和经验。

给青春期同学的话：暗恋要不要表白？

大家看到了，我当年处于暗恋中，并且为是否要表白而焦虑。

青春期出现爱的萌动，做做白日梦，甚至想尝试恋爱的滋味，是很正常的，这是青春期发育的正常表现。

很多青春期的同学，都会有这样的感觉：明明知道要好好学习，可就是控制不住地想某个人，不只是白天想，有时做梦都会想。一方面，知道自己是真心的、真诚的，另一方面也在担心这样不好，是不是自己“变坏了”，这都是不了解青春期特点而造成的误解。

学习成绩固然重要，青春期的人际交往，对未来的人生也很重要。学习和恋爱本身不矛盾。爱的体验，人际交往的经验，也是人生的重要财富。倒是我们内心的纠结，消耗着我们的力量，影响着我们的状态。

应该告白还是继续暗恋？没有标准答案。先需要搞清楚，在恋爱这件事上，你内心追求的、最看重的价值是什么？你想告白，是受周围人恋爱的影响，不想自己被冷落？还是要享受体验爱的美好？还是其他什么原因？……

建议你找一张纸，中间画一条线，左右分开，分别写上告白的利与弊，同时，把各种可能发生的情况都想一下，并想出应对办法。

比如：如果告白，会有哪些结果？TA 会接受，还是拒绝？如果 TA 接受了，你们开始恋爱，准备公开还是保密？要公开有没有压力？要保密，如何隐瞒？怎样安排两人交往的时间？如果 TA 拒绝，你怎么办？如果不告白，如何应对其他人的“撒狗粮”？……

把这些写完之后，请你综合考虑，如何做才能对你自己，对你暗恋的人，对大家，都有好处？相信你在深思熟虑之后，会做出最好的选择！

我的日记

1982 年 2 月 28 日

星期五考物理，我得了 41 分，老师让家长签字，我翻出以前妈妈的字，描在上面。让抄写两遍，我没写，想明天对付对付。

说起考物理，我有些生气，我让她给我看答案，她不同意，让我自己看，我看不见，很生气，早交了卷，便走了，她得了 61 分。这几天，她对我说话很刺儿，我想，她可能认为我另有所好了，大概把我的无胆量当成了不理睬，好在星期六我们的关系有了好转，我决定明天再向她亲近一步，但不知到时候我有没有勇气。

理解青春期的关键词：学习

初三这年，是我学习最不好的一年。这与我的心思在这个女孩子身上有着直接的关系。

今天，作为一名性教育专家，我在给教师和孩子们讲课时都会提到：青春期恋爱**（我不用“早恋”这个词）**并不必然影响孩子们的学习，教师和家长应该以一种开放的态度接受少男少女的这份感情，而不是盲目地否定和排斥。**对这份感情的否定和排斥，许多时候无法禁绝他们的感情，而会使他们投入更多精力在这份感情上，从而出现影响学**

习等我们不想看到的后果。而如果持包容、宽容、理解的态度，青少年就会把教师和父母当朋友，也就能够听进我们的话，比如把感情放到学习和相互帮助上来。

我的日记

1982年3月6日

复习课和刘义打逗，正巧被陈老师看见，批评了我，对他却只字不提，我十分气愤，拿了外语书出去，在楼梯口掉泪。陈老师过了一会儿走来，和我谈了一会，让我进教室上自习了。刘义却说些不入耳的话，正适我在气头上，回手扇向刘义，险些打中马红，她看了我一眼后，不禁大笑起来，可以想见我当时的表情了。

1982年3月11日

今天我们的关系是令我高兴的，语文课她几次侧过头来趴着，我几次用目光看她，但双方目光没接触，这是令人失望的。

1982年3月15日

从今天开始，我们初三年级增添了晚自习，从6：30～8：40，两节课。

课间我和善逗好动的刘义打了起来，明知非他的对手，但当着她的面，要保持一点儿起码的面子。气愤之余，以铁皮铅笔盒击之，未伤，经同学劝过，各自回座，不谈。

理解青春期的关键词：男性气质

明知打不过人家，还要打，是为了“面子”。中国文化中有一种“面子文化”，即人们会把面子看得很重要。而在这里，这个面子便是要“像一个男人”的男性气质，说白了，就是勇武好斗的阳刚之气，不能轻易对别人认输。

青春期的男孩子，已经开始关注自己是否“像一个男人”了。但对这种阳刚的男性气质的强调，是会伤害到男人以及他们与女人的关系的。它不仅鼓励像我这样的男孩子用铁皮铅笔盒作为武器攻击别人，还会鼓励男人们把真枪真炮对准敌人，还会鼓励他们对妻子和孩子挥舞巴掌，等等。

我的日记

1982年3月23日

爱情是多磨的，我今天深深体验到了这一点。

本来，今天是令我满意的，下午加了自习课，我们谈得很好，可后来，张绍刚故意将一团纸投到她的脚旁，她将纸踢到了王权那儿，王权也把那张纸投到我脚下，我踢到了她那儿，她又踢给我，我又踢给她。最后刘义给踢走了，这分明是讨她的好感。她于是向我要已经借给我的算术作业，本来一句话就过去了，可我又开了个小玩笑，说她已经把作业拿走了。后来，她真的向我要了。怎么说也不行，我只好还给了她，她将作业一把撕得粉碎，投入纸篓中。也许是我多心，她用撕作业来表示我们关系的决裂，想到这儿，我不禁打了个寒战。也许是我多心，她以为我拿她找乐，是我的不对。

后来，她又说“包子样”三字，虽然没直接对我说，可我怀疑是冲我来了，于是把将要出口的道歉话也咽了下去。细一想，我确实是个废物“包子”，也不怪她说。如果别人处在我这种情况下，一定会向她求情的，可我……

不，也不能全怨我，她也不理解我！

放学回家的路上，我想了很多，很多，在许多问题上，我都对她做了让步。这次我是让步的，但如果我连着三次向她表示和好的愿望她都不理我，我就不理睬她了！

不过，无论发生什么事情，毕业后我还是要向她表达感情！

理解青春期的关键词：幼稚

这件事暴露出我在人际交往能力上的“幼稚”。

相对于男生，青春期的女生在处事方面成熟得要早些。所以她在这件事上对我产生的不满，现在想来，更多的是因为我“幼稚”的举动。青春期的女孩总是幻想一个“白马王子”式的男孩来做她们的伴侣，在这样的爱情里，女孩享受更多的照顾和关爱，而那时的我实在距离那样的标准太远。而且，我也不太懂女孩子的心，在纸团出现的时候，我都不懂得采取正确的做法去处理。女孩子感到受伤，便是很自然的事情了。

给青春期同学的话：爱要怎么说出口？

青春期的同学，身体和心理都在发育，性意识觉醒，大家开始关注异性或同伴，在乎别人对自己的看法，甚至对他人产生爱慕之情，小烦恼、小秘密也会越来越多，积压得有些喘不过气，却无处诉说。

一个人如果长期处于高度紧张或抑郁的状态下，体内激素分泌、肌肉紧张度等都会发生变化，导致免疫系统难以处于最佳工作状态，这时人的抵抗力就会下降，疾病也会乘虚而入。这也正是为什么那些情绪不好的人容易得感染性疾病，为什么心情长期处于紧张状态的人容易患癌症。

压抑感情不利于身心健康，心理健康和生理健康总是相互联系、相互作用的，心理健康会影响人的生理健康。所以我们提倡在感情方面不要刻意地压抑自己，要找一些合适的方式将感情释放出来，把内心不能说的秘密溶解掉，不要让自己背太大的心理包袱，适当地给自己减压。可以记日记，把自己想说的话说出来，听一些轻音乐，伴随音乐舒缓情绪。可以去旅游、散心，找好朋友倾诉。做自己喜欢做的事情来平复内心的沉重。当然也可以把这份爱慕之情大胆地说出来。

喜欢一个人可以用很多方式表达，要看你和对方是什么性格的人。如果是很豪爽的人，那么你可以直接表达；如果对方是很细腻的人，那就委婉一点，可以两个人互相讨论一下对中学生恋爱的看法，如果她很反对，那就不要表白了。但不管是什么样的人，切记一点，要尊重对方，不要让对方感到难堪和反感。被表白者如果不同意也要委婉地拒绝，如果语气太生硬就会给对方带来很大伤害，你想想别人跟你表白可能是鼓足了勇气，你一盆冷水过来，对方肯定伤心，或者从此不理你，或者从此不学习，或者伤心不已而变得孤僻等。所以要先试探一下，如果对方反应冷漠，就知难而退吧。表白失败了也请不要灰心，尊重对方的选择，把这份爱藏起来，变成我们前进的动力。

我的日记

1982 年 4 月 8 日

这几天，她时常看我，有几次我们的目光相触了，但很快就被打断，这并非我的本意。

对她，我不知怎么办，这事已告诉了王权，从四月以后，他没有提起此事，我也未提。

1982 年 4 月 10 日

今天中午黎寓来我家了，在谈笑中，他说她“不怎么样”。我想问而没问是哪方面不怎么样，外貌？品德？还是别的什么？

黎寓走后，我想起作文，忽然领悟到，我现在对她的爱并不是给王权信中所言：“我对她的看重，不仅由于她美丽动人，更由于她举止文雅。”我发现，如果说那时是这样的话，那么现在则不然，现在，我总觉得对不起她。对于她，现在我和她的关系，不是像半年前那样，我是主动她被动，现在，她是主动，我是被动的了。

我现在对她的爱，是源于她对我的真挚的爱，也许这是外表上的真挚的爱。

中午黎寓来找我，我把上面这段文字读给他听，告诉他目光的传递，他对此很感兴趣。黎寓并非第一次知道此事，以前也略知一二，这样一来，我可有帮忙的人了！

1982 年 4 月 14 日

上午，黎寓报告观察结论：“无异常表现。”

我同意之。

下午第二节语文，上半节课她的注意力一直在刘义那里，后半节课，她又趴在桌子上，但并没看我，也无异常脸色，我从黎寓之命，也侧头看她。后来，我们的目光相对，只是一秒钟，不知怎的，我突然想笑，控制不住，我转过了头。

下课，据黎寓言，他没有看见这一段。但她和刘义那一段黎寓看得真切，并言他很生气。我真感激黎寓，他愿意为我生气了。

不过，我想，如果在我向她求爱之后，再有这种情况，那就有些过分了。

理解青春期的关键词：初级群体

虽然没有真正谈情说爱，但恋爱中的多种感情都体验到了：猜测、嫉妒、试探，等等。我们又怎么能够否认，这种经历不同样是一种人际关系的锻炼，同样是一种成长呢？

初级群体是人类的一种亲密社会群体。在个人社会化的过程中，家庭、邻里、玩伴都是孩子最主要的初级群体，在这些场合中，孩子通过和别人互动，形成亲密的交往关系，并逐步学习、形成社会性的思想观念。同样，男生之间对于各自私情的分享，已经成为双方伙伴关系的重要内容。这种分享往往是家长难以参与的，因为青少年具有相似的体验和经历，能更好地、设身处地体会对方的感觉，由此形成的攻守同盟，成为少年时代的男孩们以及女孩们的独特友谊。而家长在这个过程中，实际上是难以替代这种伙伴的作用的，在初级群体的伙伴关系中，我们体会社会化的成长，积累属于我们自己的情感和社交经验。所以，应该重视初级群体在青少年成长过程中的支持作用。

我的日记

1982 年 4 月 19 日

今天黎寓告诉我她（马红）家的位置了，这是他回家路上无意中发现的。

下午放学，我和文林去转了一圈，跟在她后面记下了楼名、门号。美中不足的是，不知道是几楼。

1982 年 4 月 20 日

今天一时心热，把和她的事告诉了文林。

理解青春期的关键词：心事

少年心中藏不了心事。但是，随着知道的人越来越多，不幸的结局已经接近了。现在看来，我曾是校园八卦新闻的制造者，而我的那些同学，则成为绯闻爱好者。

曾看到一篇关于少年感触的文章，其中涉及日记一节，仿佛就是在说我自己，摘录于此，以作为一个时代下同年龄孩子们共同的记录：“不知道从什么时候开始，你有了一个不愿意给人看的日记本，断断续续的，你的感受、你的生活、你的忧虑和不如意都写在那上面。当然也有你的初恋你的单相思，你把它锁在一个好不容易争取来的带锁头的小抽屉里，防范着每一个人。但你又按捺不住地想让别人知道你的故事和心情，于是，它又有了除你之外的读者。你和这另外的人共同保持着这个秘密，直到同性的朋友反目成仇，异性的朋友形同陌路。你再记下这段伤心事，更严格地守着这个秘密。最后把它丢在风里。你的少年时代是从有一连串的秘密开始的。”

因此，谁说孩子一定是依赖的、脆弱的？在儿童发展理论中，建构主义坚持认为，并没有一个普世的童年存在；儿童是一个完整的具有自身能动性的人，他们有选择自己生活道路的权利与能力。少年就是在这样一个又一个的梦想和秘密中自我建构着自己的独特经验的。

我的日记

1982 年 4 月 21 日

今天下午自习课，我把我知道她家地址的事告诉她，并说放学后还要去，要调查是几楼。她没做出我希望的态度。

下午放学后，我和文林去她家，藏在一堆石板后面，等了二十多分钟。

后来她来了，由于我胆小，没能跟着她上楼，还不知她住几楼，正着急时，文林生了一计，让我去问门口的少年，得知她住中单元三楼。

为此，她家的住址我总算弄清楚了。

问她家地址是否对，她的态度令我很失望。

理解青春期的关键词：晚熟

这一系列“愚蠢”而又“小儿科”的举动，能得到人家热烈的反馈才怪呢。应该说，我是那个年龄的孩子中成熟比较晚的，而她显然比我成熟多了。有研究表明，青春期女生原本就比男生更早熟。

我“拙劣”地想知道对方住在哪里，想要找到一个可以单独面对她的机会来表达自己的感情。渴望了解对方，渴望了解对方的一切，是少年对异性倾慕的表现。即使是现在看来，这种单纯的向往，那种少年时的恋情，相比成人世界所表现的以婚姻、性等为依附的情感的占有和功利，是那样的简单而弥足珍贵。

但以现在的眼光来看，这是否算作“盯梢”或“跟踪”呢？那可就是“性别暴力”了。

我的日记

1982 年 4 月 22 日

依文林之计，我今天给她写了一封信，大意为想和她在放假后交朋友，问其是否答应，准备晚自习后交给她。明天一日不去学校，明晚去时问其同意否。

不知怎的，我的勇气好像上来了，不过到给她字条时还有几个小时，不知那时会如何?

我现在正如对黎寓所言，我不知道我现在希望她同意还是不同意。

晚上，我们按原计划到她家附近，邢、黎藏了起来，我在路口暗处等她。

过了不多时，她来了，我正如小说中所描写的那样，一句话也说不出来，准备好的话都忘了。还是她说了一句话："是你呀，吓我一跳，你在这儿干什么？"可我却不知自己说了句什么，后来她走了，又回头看了看我。

和邢、黎见面后，他们无不骂我"废物"。我也茫然。明早由黎寓将此信交与她。

1982 年 4 月 23 日

今天早晨起了个大早，和文林赶到地点，果不出我所料，正是夜长梦多，黎寓又不同意替我交那张字条了。最后，按他说的从她家门口拿来了一个值日牌，把信夹在上面，放于路口，等她经过时自己看到拿起来。但她根本没看见这个值日牌。

扫兴回途中，遇 2 班刘力，据其言，她说她已有了男朋友，我们三个将信将疑。文林说这无所谓，×× 不还找了好几个吗？！我让黎寓上午无论如何将此信交与她，于是我们分手，我不能上学，因为这太有失面子了，我决定在她得到信后去学校。

到家后，想来十分后悔，我真是多此一举，到放假后再忙此等事又有何妨？！

我于是决定，中午去找文林，如果信已交上，那就今晚问她是否同意，如没交上，就算了。我会说是和文林和黎寓玩，碰巧遇到她也就是了。

听天由命吧！

总而言之，统而言之，我是个“废物”，我们的举动是徒劳的。

1982年6月15日

数日来，多方交困，未记日记。此时提笔，不知从何处写为妙。思前想后，只把数日来和她的事记录一二，也算无空度时光。

4月23日中午去找文林，知那些信未送与她手中。自喜不言。晚上去上课，她问我22日事，依前文所思答之。晚上看见邹晓和她说了很多的话。

4月24日上午她未来，邹晓也未来，据我观察，他们就是从23日晚上开始的。

后来，我得了一次肝炎，事情多了变化。长时间未到校，事情就不知道了。

病好后，到校上课，前些日我们还常有言谈。

5月6日，黎寓到我家找我。告诉我她和刘义的交往日密起来。我渐渐感到她很空虚。这种人是不值一爱的，我想把她忘却，并培养自己对她的恨时，她的美貌却又一次次地使我心醉，无法恨她。于是决定听天由命。这种恢复的感情在5月13日已经很明显了，以至14日听母亲说要换房去的地方正好是她家所在的楼群，立即举手赞成。

多矛盾。

5月20日，病好了，下午去上课。这一去，又一度感情破裂，但她的美貌和多情又令人醉心了。

病好后，一天中午杨凯到我家，在闲谈中，他流露出对她的恋情。言者无意，听者有心。我越发不爱她了。

一天晚自习后，偶然和刘义同行，不知不觉中将真情全部吐露，刘义也光明磊落，把他和她的事全对我讲了。当时，并未意识到这样做的后果。两星期后，一声轰雷把我震醒。

在一次踢足球中，邹晓对在场的我班男生说，我和杨凯想“抬”马红。这时，我也已和杨凯讲了我和马红的事。初开始，我还有些迷惑，不知邹晓如何得知，还以为是马红对他讲的。后来才知道这是刘义讲的。联想起那晚上他的言谈，好不生气。不过几周，全班上下都有此闻，相传不止。据黎寓说，他在极力制止女生说谈此事，否则不悦。我则无法，听天由命。

终于，6月17日她和我吵了起来，问我和男生胡言些什么，说我有碍市容，即便我给她擦皮鞋她也不要。我气坏了，因为她还是头一次对我说出这种话。但我丝毫不恨她，只怪她当着全班的面羞辱了我。事后，刘义面带笑容。

未等放学，我就回家了。一想，又高兴起来。既然我和她断绝了关系，又何必裹足不前，这不是“天降大福”吗？！虽然别人认为是“天降横祸”。无妨，由它去。这以后，也几度余光看见她在侧卧，而我未理睬，轻声唤我，也未理睬。也许她并没有唤我，是我多心。啊，结束了。一切都结束了，一年的心血并未白花，换来的是亲身经历，记忆犹新的好素材。

我和黎寓都这样认为：刘义和马红很不“般配”。但不必多管别人的事情，没有用，一切都结束了，结束得这样突然。

理解青春期的关键词：绯闻、增能赋权

这个女孩子的反应，直到三十多年后，从事性教育的我，接到一位同样十二三岁的女学生的求助信，我才完全理解。那个女孩子在信中问我：一个男生对我有好感，但是不和我说，却和很多同学说了，现在同学都在议论，我非常烦恼，我该怎么办？

我因为要和同伴分享我内心的情感，无意中制造了绯闻，这让当时的她非常烦恼。现在想来，也真的难为那个女孩子了，事实上，她当时面对众多同学的纷纷议论，无法摆脱尴尬，最后用那种决绝的方式应对，是可以理解的。毕竟，她也年轻，不懂得如何处理这些事情。

对于青春期的男女来说，绯闻是一件很让他们头疼的事

情。今天在性教育营中，我会和孩子们一起讨论如何应对绯闻，他们或者建议澄清，或者建议“做自己，管别人怎么说呢”，或者有其他的建议……但都比我们那个时候成熟多了。

今天，“早恋”这个词早已经受到了普遍的诟责。是“恋”就不“早”，“早”的就不是“恋”。准确的说法也许是“青涩之恋”。所谓青涩，既有纯净、不成熟之意，也有不知道如何面对和处理之意。但是，教给青少年，或帮助青少年处理好这份感情，是学校和家庭的责任。但在20世纪80年代，整个社会却采取了非常简单的态度：污名与惩罚。事实一再证明，这不是有助于青少年成长的方式。

今天回首我的这次“初恋”，当时的我从始至终，都不知道该如何处理这份感情。我担心影响学习，不敢表白，但结果茶饭不思，更影响学习；我想表白，却不知道如何表白；我爱着她，却对她构成伤害……

如今，从事性教育的我，提出了“赋权型性教育”的主张，致力于给受教育者“增能赋权”，让他们有能力做出对自己和他人有益的选择，而不是简单地禁止与规训。在青春期恋爱的问题上，我们反对简单的否定，而是要帮助青少年学习处理情感问题的方法，最终让他们根据自己的能力做出不同的选择，以及知道如何应对每一个选择可能带来的后续烦恼。

我们不应该担心青春期的孩子恋爱，而应该担心他们不会处理恋爱问题。

恋爱不会带给他们伤害，像我当年那样，“不会”恋爱才会带来伤害。

给青春期同学的话：被同学传绯闻怎么办？

被人误解的确是很苦恼的事，其实这是任何人都可能遇到的。在青春期，很多同学对恋爱又好奇又关注，有人尝试恋爱，有人议论恋爱，这都是青春期常见的情况。人们对什么感兴趣，就爱谈论什么。一般的学校老师和家长，都反对学生恋爱，所以，很多同学既向往恋爱，又怕老师家长反对。怎么办呢？为了自身“安全”，不敢投入恋爱，就把自己恋爱的欲望，转移到其他人身上，变为以议论他人绯闻而满足恋爱的欲望。心理学上管这叫“投射”。这就是有人爱传绯闻的原因。

被人起哄，难免会有些尴尬。要知道，那些起哄的人，不仅是恋爱的欲望到处投射，还有想控制别人的意图。有时候解释也不一定有用，因为他们不在乎真相，只是通过议论满足自己的心理需要。这时候，你越急躁害羞，他们越有成就感。你不妨态度平静地对起哄的同学说：“想恋爱的人，才会整天议论恋爱。你们看谁都是恋爱，整天想恋爱想疯了吧？想恋爱自己去追啊！”

别人说什么并不重要，关键是你想做什么样的人。你在乎别人的议论，不如想清楚自己要做什么样的人，怎么把控自己的快乐。

相信群众的眼睛是雪亮的，谣言会不攻自破。决定你命运的是你自己，不是这些对你说三道四的人。

如果不希望被老师误解，不妨主动向老师说明情况，解释清楚。

同时，我们也要提醒那些爱议论别人绯闻的同学，那其实是你自己恋爱愿望的投射。想恋爱并不是错，只是不知道被你议论的同学，是不是真的在谈恋爱？他们有没有被误解呢？古人说，己所不欲，勿施于人。相信你了解了这些后，会更加懂得尊重别人。

给青春期同学的话：
表白被拒，求爱信被公开，同学嘲笑，怎么办？

把爱表白出来，你并没有错。TA公开你的信，侵犯了你的隐私，这种做法是错误的。其他同学嘲笑你，不尊重你，这也是他们的错。千万不要用别人的错误来惩罚自己！

你的懊恼，也是提醒你，有一些事需要你去做，以调整自己的情绪。你可以做下面的心理练习。

找安静无人的环境，用一把空椅子，假想是TA坐在上面，然后你对着空椅子说：“我曾经以为你是喜欢我的，希望和你恋爱，但是你拒绝了我，公开了我的求爱信，让我内心受伤，在同学面前自尊受到打击。你有拒绝的权利，但是公开我的信、侵犯我的隐私是错误的。希望你能向我道歉。以后不要再做这样的错事。”这样做，会让你轻松很多。如果你能寻找机会，当面对TA说出这些话更好。

当然，不管TA是否道歉，你都需要调整自己的情绪。不好的情绪会影响身体健康，也会影响你的学习。还可以寻求心理咨询师的帮助。其实，被拒绝是我们每个人常遇到的事情，这并不丢人。正是别人的拒绝，让我们明白人与人的界限，感受人与人的不同。

面对同学们的嘲笑，你可以主动找一些同学沟通，询问他们“喜欢一个人有错吗”，以表明你的态度，争取改变他们的态度。也许有同学会暗暗赞赏你的勇气呢。你也可以多多帮助别人，播撒友谊的种子。

不管别人是拒绝你，还是嘲笑你，你都是有价值的。你心里的羞愧，也许是需要做一些事来赢得更多的自尊。曾经有个山村学校的同学，求爱信被全校公开，成为全校的笑柄。后来这位同学考到北大。毕业后与北大校友结婚，还与几位北大的同学创办了一所著名的培训学校。相信你若能拿出卧薪尝胆的精神，不断提高自己，必会让大家刮目相看，让TA后悔。

如何走出失恋的阴影？

好友要和我绝交怎么办？

第三章

不要小看老师的激励作用

社交恐惧，失恋，同伴，独立思考、梦想，社会性别塑造，鼓励，货币哲学，丧失，因材施教，性游戏……

通过对第一次“失恋”的反思而成长，“恋爱”原本便是一种复杂的人际关系；对文学理想的追求占据了我的内心；一位教师的祝福曾深刻地影响了一名学生；我生命中最重要的一位老师帮我转学了；一个 9 岁女孩突然对我“性骚扰”……

我的日记

1982 年 7 月 5 日

在家待了一天。上午写读书笔记，整理《名言集》。

下午四五点钟写了一首诗，随后想按《语文报》上的练习写篇议论文，没有成功。明天再说吧！

另外，我订出了放假期间的习作计划：诗歌达到 5000 字，已有 2850 字了。作文达到 1 万字（日记、读书笔记除外），目前一字没有。我还打算把我的那段难忘的经历在日记里补记一下。

妈妈一直担心我落榜，考不上高中，我也有此顾虑，因为我确实考得不好，况且没有补考机会，就是有也无多大用。本来，我可以到四舅的学校上高一，四舅说这很好做到。但现在不行了，四舅学校的高中撤销了。

妈妈昨天回来说，如果考不上，让我上补习学校，将来直接考大学，只考数学、语文、历史、地理、政治、外语。

这倒是一条路，可我不知能否适应。让我和比我大五六岁，甚至十余岁的工作人员、待业人员一起上晚间补习，恐怕我不会去的，因为我……怎么说呢？我是一个喜欢孤独的人，我这样认为。况且和比我大的人一起上课，人们一定很注意我，我不愿让人注意我。

这是真话，我就这个性子，喜欢谁也不注意我，就当没我。

理解青春期的关键词：社交恐惧

我在这里所说的“不愿让人注意我”和“喜欢孤独”是当时的理解，其实，这个年龄的我正处于“社交恐惧”中。

事实上，青春期一些少男少女出现这种“社交恐惧”是很正常的现象，因为他们开始有了较强的自尊心，而且对外界的反应敏感，很在乎别人对自己的印象和评价。这种社交恐惧，我们更愿意理解为是少年步入成人世界、以成人世故的交往方式来取代孩子天真的交往方式的一种恐惧。

作为父母和老师，可能都体会过这个时期的孩子的变化。但只有真正设身处地体察这种懵懂的“愁”是什么滋味，接纳这种变化，才能够真正帮助他们走出“愁”的困境。

我的日记

1982年7月6日

下午写了篇说明文，约250字。

这几天心里很不欢快，想起和她的交往，真让人不知怎么办。

人们说："社会是一个染缸。"我此时才真正理解了这句话的含义。真不知是怎么回事，自命"圣人"的我，竟然也落入情网，却已经"拔"了出来，但毕竟影响了学习和造成了心灵创伤。

现在想起来真后悔，自己当初走错了一步。这将使我终生引以为戒。

对于她，我也总算有所了解，但这毕竟是想象过度的产物。

她固然有美丽的容貌，但她的心灵并不完美。这不禁使我想起雪莱的一句名言："爱情既是属于心，不是属于身的，那么，她不再存在了。"是的，对我来说，她不再存在了。杨凯曾说，现在的女子太多情了。她，显然很多情，这种多情比其他少女都爱外露，都"多"。但多情无可指责，只能说她的生性如此吧！

也许有人认为我很悲伤，像小说中所描写的那样。其实一点也不。也许是因为我对她不够真情呢！

奥斯特洛夫斯基曾说："个人问题，恋爱问题，在我的思想中占的地位很小，……即使失恋一百次，我也不会自杀的。”这正说出了我此时此刻的心理状态。

泰戈尔也说过：“爱是理解的别名。”我只能怪自己考虑不周，不理解她，就盲目地向她表露爱。话又说回来了，她偏偏就“应允”了，可我又是个“圣人”，所以后果自然如此，这是天意，不可改变。

至于谈到复仇、报复，我从来没做过，也不会做。现在的问题是，如何使这爱的火花冷却下去以免让它烧碎我的心。其实，这火花已经烧裂了我的心，好在现在终于冷却下去，到了“0度”，裂缝一定会慢慢愈合的。

初失恋的时候，我常有过一辈子独身主义的念头，让书籍做我的爱恋，让我的作品作为我的儿女，让我的事业作为我的全部生活。现在想起，觉得这是不可能的了，但我在事业完成之前一定不再触及爱了，即使老死，也不触及。我发誓，除非我得到了真正的爱，不然永远遵守这条誓言。

1982年8月2日

今天早晨醒来，回想梦中情境，历历在目，好似实情。

我梦见她以邻家之女的身份出现，于是我们又置身于爱的情网。当时我高兴至极，忘乎所以，一定在梦中笑了。但一觉醒来，却是幻梦一场，好不可怜。

我真奇怪自己怎么会梦见她，不可思议。应该承认，她的影子是不会轻易消失于吾之脑海的。

1982年8月10日

看了几页和她有关的记载，就不想看下去了，因为一切都已结束，我又何必自寻苦恼。现在想起和她的一些交往，真有些哭笑不得。许多日未见黎寓了，没法述说心中的苦，只好在日记上写写了。

我想，如果邹晓没有被分配到我班，也许好些。如果我不对刘义讲，又好些。这使我想起一句话："我的舌头，我的祸根。"

现在走在路上，我时常想到姑娘的目光在注视着我，这使我的自尊心得到很大满足。

我觉得有必要在我诗集上做点文章，否则危险太大了，我指的是个人隐私，也许已经不是秘密了。

理解青春期的关键词：失恋

失恋是学会恋爱的最佳课堂。今天，时常有失恋者写电子邮件给我，请求解脱之道，我总是回复说：要感谢失恋，它教我们学会恋爱，帮助我们了解自己和他人。

我开始了对爱的品味与沉思，甚至想过"独身主义"。这种品味与沉思至关重要，它实际上完成了我对第一次情感经历的总结，并使自己从中有所成长。恋爱本身是一种极复杂的人际关系，我们通过爱来学会与人交际。

而处理失恋的模式，事实上也和我们生活中处理别的挫折的模式有着惊人的相似之处。因此，从走出失恋的体验中归纳自己对待挫折的方式，不失为最贴近心灵的磨炼。好的恋爱，不在于最后一直在一起，而在于它带给我们的成长。不一味地纠结于失去的痛苦，不把失恋认为是对自己的否定，而是善于在失恋中提炼经验，了解自己，了解他人，了解世界，这便是人生的财富了。

给青春期同学的话：如何走出失恋的阴影？

每个人的一生都会经历很多事情，但不可能所有的事情都一帆风顺，恋爱也是一样。

我们喜欢一个人，并不是因为了解，而是由于最初某方面的吸引。接触得久了，我们才会更多地了解一个人，看到对方的全貌，同时也看到对方的缺点或者是双方性格不合的一面，于是便有了分手。

失恋是痛苦的，尤其是对于被迫分手的一方。有人甚至认为失恋是人生的失败，因而无法接受，痛不欲生；还有个别人，气愤起来不顾理智，由爱生恨，报复曾经爱过的人，酿成恶果；也有人对以前的恋人纠缠不休，让人生厌。这些做法既伤害他人，又毁了自己，都是不理智的做法。

如果我们真正爱对方，就应该尊重对方的选择。俗话说，强扭的瓜不甜。如果放手能让对方更幸福，我们为什么不能放手呢？爱TA，就是要让TA幸福的呀！

希望你明白，失恋不是你个人的错，更不是人生的失败，不要因为失恋就否定自己。一段恋情，只是人生中一个重要的经历，而非人生的全部。就像我们踏上一段旅程，结识一个有缘人，但TA不一定就能陪我们走到终点，只好依依不舍地中途分手，继续向前。而未来依然是美好的旅途，依然会遇到下一个有缘人陪伴我们的旅程。

热恋中很多人的海誓山盟都兑现不了。因为年轻，因为缺乏了解，因为冲动……爱不在了，爱的誓言当然也不必坚持。人生不必轻易发誓，有能力的时候再做承诺更好。不爱了，就诚实分手，对双方都有好处。

有人会说，没有TA我活不下去，其实没有这么严重。在遇到TA之前，你不是活得很好吗？爱的失去，对所有人来说都很痛苦，都需要时间的疗愈。而失去的同时，也必然会有所得到。我们经由这种恋爱和失恋的经历，获得很多美好的人生体验，也留下许多难忘的记忆。这段恋情会令我们从中获得更多的经验，得到更好的成长。

当然，失恋是心理上的挫折，有可能使我们在很长一段时间内都处在消极情绪中，比如郁闷、愤怒、羞愧、后悔等。想要走出失恋的阴影，就要行动起来，这样才能尽早摆脱痛苦。你可以尝试一下这些方法：

1. 把自己内心对TA的想法，想对TA说的话，详详细细全写出来，写完了把纸撕碎，扔掉；

2. 打枕头，发泄一下；

3. 把与TA有关的物品扔掉，彻底告别；

4. 转移注意力，学习之余去运动、听音乐、看电影等。

如果三个月还没有好转，请向心理咨询师求助。

让自己的生活更加丰富多彩起来，多参加各种社团活动，结识新朋友。一方面放松心情，一方面提升自己，因为你已经有了重新选择的机会啊！让自己更加优秀，相信你会重新遇到更美好的爱！

我的日记

1982年8月16日

我特意去很远的书店买书，我很不愿走学校以北的那条路。其中的意思我是若知非知，非若知而知的。

黎寓很久未来了，许是那次他找我要我和他同去“八一”礼堂买电影票，而我未同意的缘故。因为那时我正在看小说，而且母亲也不愿让我去。

杨凯给我的印象是举止端庄。如果有可能，以后和杨保持友谊关系倒是件很好的事，但不知他意，他如有意应来找我。不过，也许是他害怕我母亲的缘故，因为由于许多误会——我认为这是误会，其实也应该是误会——母亲不喜欢他。

我好交朋友，但要防小人。如果说我遇见小人的话，那莫过于刘义了。我现在一天比一天更清楚地看出刘义是个伪君子，一个最可怜的可怜虫。真不知我怎么会和他交友。

今日想起张剑。现在我才发觉张剑有一种正义感，可惜他父母不让我和他交往，不然我宁愿头顶大雨去见他，这种心情很急迫。

回忆了几个同学，使我越发明白这样一句话：交友要交心。

理解青春期的关键词：同伴

十来岁的孩子，虽然对于“友情”并没有成人那样的理性认知，但是他们知道，“好朋友”是非常重要的。那种一同吃喝、一同玩耍、一同学习的“同伴”关系是他们学习人际交往的开始。这种同伴也许只是“玩得来”“关系好”“在一起开心”这么简单，但实实在在是非常重要的。人是需要感情生活的，刚刚进入青春期的少年更是如此，没有爱情，友情便显得格外重要了。社会学意义上的“同龄群体”对于我们的心灵成长及我们的“社会化”起着重要作用。

人生的这段时期也正是心理学家埃里克森所谓获得亲密感与孤独感的时期。我们在这时学习与他人的交往，这种交往的成功与否决定着我们的人格中更多地具有亲密的感情还是孤独的感情。

给青春期同学的话：好友要和我绝交怎么办？

青春期的学生很在意、最看重同伴的交往。大家经历了快乐时光，可能想一生都这样走下去，没想到突然一方提出绝交，痛苦袭上心头，影响了学习和生活。

我想，你是很希望了解原因：若是有误会就需要澄清；若是你无意中伤害了对方，可以通过此事认识自己并真诚道歉。在TA不肯沟通的情况下，你也许可以尝试其他办法，比如说，找其他同学，尤其是TA现在交往的同学，帮你询问；或者用写信的方式表达你的想法。

除了请同学帮忙，如果你愿意，也可以找信任的老师谈谈，跟父母谈谈，因为长辈们阅历丰富，也熟悉你俩，相信会有很多好建议提供给你。

也许在你各种尝试之后，还是没有结果，那就只有尊重TA的选择了。喜欢一个人，是自愿和尽力做对方喜欢的事。也许是TA那里有你意想不到的原因吧。所有的人际关系都需要共同经营，缘聚缘散不执着，一切随缘。毕竟，你收获了几年美好的记忆。你可以尝试去结交新朋友，让你的世界宽广起来。

遇到这样的事，你无心学习，吃不好，睡不好，这是人遇到意外打击后普遍的反应。为避免影响身心健康，你需要主动调节自己。介绍几个小方法：

1. 把自己的负面情绪写在纸上，想怎么写就怎么写，写好后撕碎扔掉，可以反复做；适度发泄后，你会舒服很多。

2. 打枕头，也是减压的安全方法。

3. 腹式呼吸法既减压又健身，对青春期身心发育有帮助。网上有小视频，吸气时腹部慢慢鼓起来，呼气时腹部慢慢收缩。再加上冥想：吸进清新的空气和高能量，呼出身心的烦恼和痛苦。

4. 多做些体育运动或其他你喜欢的事，如听音乐、做手工等。可以和其他同学或者父母一起做。

必要时，还可以找心理咨询师寻求帮助。

有的朋友随着时间的推移、彼此的成长，分开若干年后又走到了一起。到了某天，你们长大了，重拾友谊，回头看这一段经历，痛苦已经酿成醇香的美酒。

我的日记

1982 年 8 月 27 日

这几天时常梦到原来班里的同学，有关系好的，有关系一般的，也有关系不好的。

我对原来的班集体是那样的怀念，连我自己都不知是为什么。

这使我不由得想起一位伟人的格言：“只有当你失去友

谊时，才知道友谊的可贵。”这并非说在现在的学校我没有朋友、知己，一定会有的，但过去的情谊总是令人怀念。

1982年9月2日

上午语文课写了作文，题目是《新学期向老师汇报我的情况》。我如实地写了三页多。

也许是写亲身经历吧，我写起来得心应手，还得到了老师的表扬。

但我写的过程中，和前面的同学聊天，语文老师便说我俩的作文一定不好。结果她看了我的作文，知道自己太主观臆断了。但她终归是老师，要给自己一个台阶下，又挑出我文章中的许多缺点。

我自己也认为我的文章有一个最大的缺点，那就是错别字很多。一些简单的字也会忘掉，要向他人求教。

我想，如果把错别字在作文本的“错别字表”中列出来的话，那么这头一篇作文的错字就要把它占满了。

1982年9月19日　星期日

几天前，买了一份上海《青年报》，上面有“关于两篇作文的讨论”，我投了稿。

这两篇作文一个主张做人要像“小草”，不求做“鲜花”，普普通通度过一生，发光发热。

后一篇作文则与其观点全然相反，它主张不应只满足于做“小草”，要力争做“鲜花”。

从理性上讲，我同意后一种看法，可社会的论调又使我同意前一种看法。

反复考虑，觉得要敢于说出自己的真心话，所以我写了一篇立场坚定的文章，那自然是站在后一种观点上的。

1982年10月4日　星期一

今天初阅《中国青年报》星期刊，看到报缝中的一条招生启事，真是欣喜若狂。这是由《春草》杂志社举办的文学青年函授讲座。

我下决心参加，但又为并不便宜的十元学费发愁，姐姐说她给我付，这就解决问题了，不过还需发信问问在外地出差的母亲的意见。我草草写了信，许是由于激动，我的手在发抖。可以想象，如果我上了这个文学函授班，就有更大的希望发表作品，而且又有地方请教问题，这真是太好了，好极了，我激动得有些不自然了。但愿事能成功，我也不空欢喜一场。

文学班有的是，可我为什么执意不上别的而却挑上了这个呢？原因就在于它是个函授班，是个坐在家里就能上课，不必到大庭广众之下就可以得到教育和丰富知识的函授班。我这个人是怕生的，又是胆小如鼠的。天知道，连去书店买书都拉个人陪着，哪还有胆量坐到也许年纪全都比自己大的人群中，招来众人注意呢？！正当我为自己不能参加文学讲座悲哀的时候，这个函授班应运而生，我又怎能不高兴呢？！我又怎能不兴奋得手舞足蹈呢？！我又怎能不心跳加速呢？！

直到现在，喜悦还充斥在我心里，也将永远充斥下去，如果妈妈不反对我报名的话。

理解青春期的关键词：独立思考、梦想

由“小草”与“鲜花”的讨论可以看出，年少的我已经开始形成独立思考意识了。有创造力的人，必须是有独立思考能力的人。

独立的价值判断与思考能力，同悦纳百家不无联系。在孩子成长的过程中，要让他保持独立思考和判断的能力，前提在于，提供一个宽容、多元的环境，让他可以尽可能多地接触各种不同的知识和观点，并且启发他思考这些不同的知识和观点背后的价值观，培养他的思辨能力。作为公民社会的个体，培养具备独立而坚定价值观的孩子，是这个社会进步的财富。

这个阶段我的日记，更多体现了对梦想的追求。回首过去几十年的人生，我都没有放弃少年时立下的宏伟梦想，这使我在行走于歧路、弯路的时候仍然会一直向前。今天我总是鼓励青少年，一定要有人生的梦想，在性教育营中，我会问他们“二十年之后你准备做什么样的人”。我相信，有梦想的人生就有希望。

"社交恐惧"再次体现出来，这种懦弱来自幼年的成长经历。在孩子进入青春期之前，父母应该多陪伴孩子，给他们力量和自信。

我的日记

1982年10月7日　星期四

中午，和申小兵以饭票代替"毛片"玩了起来，两个女生也过来凑热闹，后来只剩我和一个女生玩了一会儿。我感到，"在这个妇女解放的年代，男人能做的女人也能做，而且比男人做得更好"，她们不但毫无男女差别感地跟你大声说笑，而且还骂街，真是无所不能！这在过去班里，简直是不可思议的！个别男生也是如此，男女互相打逗，成何体统？！我是永远也做不出那种事的。

理解青春期的关键词：社会性别塑造

此日记中写的"毛片"，不是今天的"毛片"，而是当年流行的一种卡片类玩具，男孩子们蹲在地上玩的。

玩具是塑造社会性别角色差异的一种手段。男孩子被鼓励玩竞技类运动以强化他们的"进取心"和"竞争欲"，女孩子被鼓励玩合作类游戏以培养她们的"合作"与"爱心"。在传统的社会性别刻板印象中，女孩子是不能够玩男孩子的游戏的，她们应该玩"过家家"、玩跳绳，等等。当然，她们还应该文静、淑贤，而不能像男孩子那样“大声说笑”和“骂街”。有意思的是，今天致力于批判和颠覆这些社会性别塑造的我，当年也深受这样的影响呢！

社会性别是社会文化基于生理性别做的一整套规范。社会性别是强加的，并不是“与生俱来”的。这样的社会性别规范，往往会形成社会性别刻板印象，从而通常会限制个体自由发展，并会对不符合主流社会性别规范的人进行惩罚。

我的日记

1982年12月1日　星期三

今天实习老师于荣老师把作文还给了我。我一看，每篇文章后面都夹了个小条，写着评语。还夹着一封于老师写给我的信，她在信中对我的习作给予很高的评价，并“希望在我国今后的作家行列中会增加一名新兵——方刚”。这使我异常激动，因为我第一次接收到这样的祝愿，我兴奋极了。于老师也指出了我的一些弱点，比如文字基本功差。我比谁都明白这点，我想应该弄个小本，把一些写错过的或是难记的字抄下来，时常翻阅，相信总会见些成效的。

理解青春期的关键词：鼓励

教师鼓励学生的理想，对学生会起到意想不到的强大效果。

鼓励，从心理学层面上说，是一种正强化。人们通常通过奖励那些符合预期目标的行为，使这些行为得到进一步加强，从而有利于目标的实现；行为会带来一些结果，这些结果又会进一步影响我们下一步的行为。在正强化中，行为的结果是积极的，所以该行为会频繁发生。

对于青少年来说，个人自我价值正在形成的过程中，因此，正强化可以直接将他们符合预期目标的行为和个人的自我价值联系起来，这便是最有效的刺激。当然，鼓励和表扬并不是空洞无物的，而应该是具体的、真诚的。这样可以使受强化者明确自己的行为价值所在，使接下来的行为方向更加明确。

直到今天，我仍然保存着于老师的那封信，我甚至多次上网搜她的名字，希望可以找到她并告诉她，她当年的一封信曾经如何强大地激励了一个少年的进取心。

我的日记

1982 年 12 月 15 日

我不是个“钱迷”。但是，钱呀，在我通往理想的道路上，我是多么需要你呀！我永远也离不开你。有了你，我就会得到世界上最优秀的老师——书。我知道你的可贵了，我深深为自己当初的滥用乱花而悔恨。而在此时，我是多么需要你呀，钱。

虽然并不是说前途由钱决定，但应当承认，它还是起着不可估量的作用。

到我的身边来吧！钱，我需要你！

但是，如果我得不到你，也绝不懊恼。古往今来，自幼贫困而无钱购书但后来却成才的人可谓数不胜数，既然古时有那么多名人志士在先，我方某人就不能与之同驾吗？一定能！

理解青春期的关键词：货币哲学

金钱对人最大的意义，年幼的我其实已经认识到了，那就是：钱可以带给我们自由，让我们去做自己想做的事。但是，许多成年人却常忽视这一点，而把金钱变成了一个无限追求累积的数字。

社会学家齐美尔在20世纪创作的伟大著作《货币哲学》中揭示了人类社会以货币为媒介的社会交换关系所产生的社会后果。齐美尔认为，货币一方面造成了人与物之间的距离——如果没有钱，我们就无法得到想要的东西；另一方面，货币又能帮助我们克服自己与物之间的距离——只要有钱，就能得到任何有价值的东西。货币极大地扩展了商品的种类，甚至人本身也成了商品。以货币为媒介的社会交换关系，导致了人与劳动产品之间的分离，也导致了社会关系的客体化。而与之相伴的客观文化的发展，导致了社会生活中的计算和理性，以及非人格化的冷落，从而构成对人性和自由的最大威胁。

想起一个例子。有一个孩子，在生日的时候被许诺可以得到一件生日礼物。生日那天，他的父亲取出两件东西，让他任意选一件，但只能选一件：一个照相机和一个万花筒。孩子毫不犹豫地选择了后者。爸爸连声说，这孩子真傻，照相机比万花筒贵几百倍！可是孩子完全听不懂父亲在说什么，只是说："我就喜欢那个万花筒啊！"

这是一个我们似曾相识的故事。我们都曾经是那样的孩子，但也已经成了那样的父亲。

我的日记

1983 年 2 月 19 日

昨晚躺在床上，不知为什么想到了她。

回首往事，我的心都碎了。我暗自呼喊着她的名字，险些落泪了。

刚才翻阅有关和她交往的记载，从没为此事悲伤过的我也悲伤了，想起她来。

上帝，为什么要把这么多磨难加到我身上，我受不了了。初三时，她成了我生活的支柱，支撑着我的一切，这个讨厌的却富有魅力的女人！但在她这个支柱垮了以后，是什么使我没有倒下去而又立了起来呢？是意志。

的确，当初我并没把这件事放在心上，也从没感到现在这样心情沉重。

我要见到你——马红。我想念你，在此时这种孤独的情况下我想念你，更需要你。

何时才能见面呢？你在哪里？只要你不死我不死，那么我们还是会相见的，我绝不放过你。

好，祝愉快，以后有机会再见。

她曾说，我说话像鸡叫，我当时气愤地板起脸，险些痛骂她，可我没有。此时，即使是叫我“鸡”的人也没有了。

理解青春期的关键词：丧失

有一个心理学的实验：我们本来有 100 元钱，不小心，这 100 元丢了，于是我们很沮丧，接着，我们捡到 100 元，那么这 100 元带来的意外之喜，是否能抵消前面的沮丧呢？如果不能，那么再捡到 100 元呢？……我们可以体会一下自己究竟会到捡到几百元的时候，才能抵消原本那丢失的 100 元带来的沮丧情绪呢？有的人很快就能抵消，而有的人会永远记着那失去的 100 元。

许多时候，我们的痛苦，并非真的源于某个人不爱我们，而是来自丧失的感觉。我们痛楚的根源在于这种被剥夺与丧失所带来的沮丧。我们真的会爱一个明确表示不爱我们的人吗？答案显然是否定的。我们之所以还会觉得爱她，是因为我们无法面对丧失。这时，如果有另外一个爱我们的人出现，那个不爱我们的人所带来的创痛，立即会烟消云散吗？这也许因人而异。但是我们可以想一想，也许，前面那100元不丢，我们就没有机会发现并捡到后面的那100元呢。

我的日记

1983年3月25日

许多天没记日记了，今天将这些日来几件大事补记一二。

22日，由张石青代买了《红楼梦》，今已读完上册，借于董刚。

我发现自己有这样一个毛病：读了好诗便想写诗；读了散文便想写散文；读了文摘也就荐稿。如今读了《红楼梦》，又想写“白楼梦”了。

23日，给《读者文摘》的荐稿被退了回来，我第一次“见识”了退稿信。别人说习作者最讨厌的就是铅印退稿信。但我却着实为得到了第一封退稿信而高兴了一番。兴奋之余，又投了稿。今日已寄出，不知何时能有音信。

1983年4月10日

今天是星期日，也是我的生日。

今天开了运动会，我虽没参加什么比赛，却为大会写了三篇报道，并且都被广播了。这是我的文章拥有听众最多的一次，但用的是高一（2）班的名义。

我今天寄出了昨晚写的一篇关于外星人的科普文章，寄给了《天津青年报》。

还写完了《中学生》举办的“当我十四岁的时候”作文大赛初稿。

今天还是有所收获的。

1983 年 8 月 9 日

上午正和冬青一起打牌时，张凤朝老师来了，说他为我跑了一上午学校，特来通知我下午去 ×× 中报到，交五角报名费和一张相片。并让我去通知杨敬哲的父亲，由他转告杨敬哲。

下午去 ×× 中，张老师让我找 116 室，没有，问 110 室报到之事，110 室中一老人让我“等会儿”，我以为 116 室没来人，就出门转了转。回来再问老者何时来人，老者说他就管报名。原来，他让我等会儿，是因为他想多休息会儿。谁会想到呢？

我觉得自己和林黛玉有些相似之处，本来无所谓甚至毫不相干的小事有时也会使我气愤填膺，泪湿衣衫。

理解青春期的关键词：因材施教

因材施教，说起来容易，做起来难。张凤朝老师似乎将这一点做到了极致。

张凤朝老师，是我整个求学生涯中最让我感动的一位教师。他发现我的理科思维非常差，却喜欢文学，有当作家的理想之后，便主动找我谈话，建议我可以在高一时放弃理科的学习，高二时直接进入文科班。他自己不仅是班主任，而且是化学老师呀！他又同物理、数学老师讲了我的情况，也动员他们同意我放弃这些理科课程的学习。更甚之，他还通过私人关系，将我转到一所教学质量略好的中学读高二。这些举动，即使在今天看来也是非常难能可贵的。

张凤朝老师在因材施教的过程中，进一步激发了我追求自己文学理想的热情。

我的日记

1983年8月13日

今天下午去看奶奶，邻家的小英来玩。

奶奶到院子里的水龙头接水，只有我和她在房间里。她说了一句："你快要结婚了吧？"没等我回答，双手直奔我的阴部，抓揉起来。

我吓了一跳。我正坐在床边，她站在我面前。我本能地向后躲闪，同时推开了她的手。

她笑着，又伸手过来，一只手挡着我的手，另一只手直奔我的裤子拉链，瞬间拉开了，同时向下拉我的内裤。

我有些兴奋。但本能地再次推开她的手。同时，我感到自己已经勃起了。

她一直笑着，说了一两句“结婚”之类的话，我听得莫名其妙时，她忽然又向我的裆部袭来，一手抓我的阴部，一手拉开裤链，又要向下拉内裤。

我还是本能地再次推开她的手，拉上裤链。

这时，奶奶回到房间里。她笑着掐了我的腿几下，但不再袭击我的阴部。估计她也不想让我的奶奶看到。

前后也就一分钟。

我紧张，有些兴奋，有些困惑。

她怎么会这样？！她太早熟了吧？！这么小就这样，长大了会成什么样子呀？！

理解青春期的关键词：性游戏

15 岁的我，没有接受过正式的性教育，并不知道正确的反应应该是什么，也不知道该如何定义女孩的行为。

我当时的一个想法是：“这个小女孩怎么这么早熟？”进一步又想：“她将来肯定变成一个坏女孩！”可见主流性道德观，包括男女双重性道德标准，在那时对我的影响还是蛮深的。

多年后，当我成为一位性教育专家时，便约略可以推测出女孩当时经历了什么。

在祖母家所住的大杂院里，还有几个和小英同龄的男孩女孩，他们整天在一起玩耍。很可能，他们之间已经相互观察过对方的阴部，观察的时候可能还会说“男女结婚之后会如何”的话。所以，小英那天才对我说了一句“你快要结婚了吧”的话，因为在她眼中，我可能是一个即将成为和她父母一样的“大人”。而所谓“结婚”，在她心中是和性器官有关系的。

我猜，她应该已经看过同龄男孩子的性器官了，所以对我这个大哥哥的性器官，也很好奇，想看一看。于是，才有了她前面的那些行为。

她如此熟练，现在想来，很可能就是因为她常和同龄的小伙伴们玩这种游戏！

从事性教育研究的我，也开始懂得：她并不是什么“性早熟”，只是单纯的性好奇，并因此想进行一些性探索而已。性好奇与性探索，对许多人来说，是持续终生的。

关于“性游戏”这个概念，我知道许多人在少年、童年阶段，都有过与同性或异性的性游戏经历。祖母邻居家的这个女孩，对我以及和她的同龄伙伴做的，都属于性游戏。

所谓性游戏，应该是未成年人之间的，彼此同意的，彼此均感到愉悦的性接触。性游戏不是过错，是对性和身体的好奇与探索。

我想可能没人会反对我的这个判断。

现在，我想问的是：如果我们把当事人的性别转换一下，一位 9 岁的男生，对一位 15 岁的女生做上述事情，比如摸 15 岁女生的阴部，拉下她的胸罩，你会怎么想？

你们觉得他做的是性游戏？还是性骚扰？

我相信很多人这时就会认为是性骚扰了。

但是，为什么同样的事，9 岁的女生对 15 岁的男生做是性游戏，而 9 岁的男生对 15 岁的女生做就是性骚扰呢？

为什么我们有不同的道德标准？这个道德标准的背后是什么？会带给我们和我们的孩子们什么？

因为在这个标准的背后，是我们习惯将女性设定为性行为的受害方，男性是性行为的受益方；女性在性关系中永远是被动的、被损害的。因此，我们不相信，或者不愿意相信女性也可能主动地发起性游戏或性行为。

这样的想法，不仅不真实、不公正，而且对女孩也没有什么好处。她们的性好奇、性欲求被否定了，而如果有女性不喜欢这样的否定，不遵循这样的"规训"，就会被视为"坏女孩"，如 15 岁时的我想象的那样。

故事并没有就此结束。

时间飞快，我 20 岁那年，有一天晚上去祖母家时，推开门，小英正在和我的祖母聊天，她见我进来，立即就跑了出去。

印象中有半年多没有见到她了，她好像忽然间变成一个大姑娘，再不是我记忆中的那个小女生了。这一年，她应该十四五岁了。

我和祖母说："她为什么见我就跑呀？"

祖母说："大闺女了，害羞呗！"

祖母告诉我，女孩刚才正和祖母诉苦，一个租了她家一间房子住她隔壁屋的二十多岁的男性，经常拍摸她的后背，让她很不舒服；他夏天在屋里还只穿一条内裤，看到她从门前过会特意喊住她，那样半裸着和她说话，也让她非常不舒服。她告诉了妈妈，妈妈却说她想得太多了，那个大哥哥在向她表示友好。女孩对祖母说："我妈妈不敢得罪他，怕他不租房子了，我家没钱赚。"

如果我今天知道了这件事，我首先会给她的妈妈讲讲性教育知识，告诉她该怎么做。但是，当年的我，听祖母说到这里，瞬间闪过的一个念头是："咦，她也在乎这个呀？！"

请不要嘲笑我。20岁的我，受着社会主流价值观的影响，脑子中也充满了歧视与偏见。几年前，她对我发起的那次触摸，让我觉得她应该是一个不在乎男生触碰的"坏女孩"！

今天的我，当然会为自己当时的想法感到羞愧。当然，更应该被责怪的，是没有好的性教育，又无时无刻不在向人灌输错误性别观的社会文化。

三十多年后的今天，是否还有人存在这样的性别偏见与性别歧视呢？

我想一定是有的。

今天，作为性教育专家的我，从这段经历中，至少得到了这样几点启发：

1. 无论男孩还是女孩，都会对身体和性产生好奇，这很正常。没有好奇，才不正常。

2. 好奇心在正规渠道（比如性教育）没有得到满足，就会自己去探索。这种探索，只要不是强迫别人的，就应该被视为无伤大雅的性游戏，不应该被视为性骚扰。

3. 在性游戏或性探索中，女性也是可以主动的，在这个过程中她也是愉悦的、开心的，并不一定是被动的“受害者”。

4. 女孩的性游戏，也可能向比自己年龄大的男性发起（比如 9 岁的她对 15 岁的我）。这个男性在身材、体力、年龄等各方面都比女孩子更“强大”，貌似更有“权力”，但仍然可能是被动的承受者。

5. 被动承受的一方，虽然是被动的，但并不一定都感觉受了伤害。可能有人又要说了："你是男的，当然不会感觉受伤了。"你怎么知道我在其他情境中没有过被动并且感觉受伤的经历？有意思的是，这种性别对立的二元划分，却几乎从未被主张性别平等、反思性别刻板印象的女性主义者质疑。

6. 一个人，即使在儿童阶段对性非常好奇，主动探索，长大后也未必就没有身体权的意识。自己主动的性探索，和被动的被性骚扰，是完全不同的两回事。

7. 我们应该以平常心看待孩子们的性探索，不应该对他们有偏见和歧视，无论男孩还是女孩。

8. 如果可能，我们应该尽量给孩子们好的性教育，不要让他们再像三十多年前的孩子们那样不知所措了！

9. 我们不需要因为自己童年、少年时的性游戏，而在成年后感到自责。

如何兼顾爱情和学习？

如何在恋爱上对自己增能赋权？

“爱情至上”能信吗？

求爱被拒绝怎么办?

自慰不是坏事吗?

第四章

青春期里的情感教育不可或缺

社会性教育，高考，脚本，晕轮效应，同伴性教育，合理化之“甜柠檬”效应，禁忌、“越轨”，情书……

晕轮效应是如何体现在我的暗恋中的；我曾向媒体求助“如何爱情学习两不误”；身份的差异决定了这份感情再次无疾而终；反思浪漫主义；父母对青春期孩子走的弯路应该给予更多包容；在性污名的文化影响下，我因为性幻想和性梦而咒骂自己……

我的日记

1984 年 1 月 27 日

已经五个月没有记日记了，这次可不是因为懒惰。多少次想着“该记日记了”，但又多少次地想着“还是不记吧”。什么原因呢？一句话：没时间！

可以说，这五个月都是在紧张的学习中度过的，虽然后期有过松弛，但毕竟还是过来了。这五个月使我更加成熟了。

爱情，一年多没有接触到这个字眼了，然而我毕竟也是凡人，而且情感正常，最终还是接触到了它。

她的外表是美的，庄重、典雅、大方；她的心灵也似乎是美的，好学、上进、博才。老师提问她，如果她答对了，我就乐滋滋的，十分得意，好像我答对了似的；如果她答错了，我也抬不起头，好像答错的不是她，而是我。

爱情，竟是这样神秘，悄悄地来到了我的身旁。有一个阶段，我完全被它俘虏了。朝思暮想的是她，梦里梦见的是她，诗中写的也是她。看见她的身影，听到她的声音，甚至听到别人叫她的名字，我的心都会怦怦直跳。那时我是已经决定向她求爱了的。然而，真正的爱情总是那样让人难以启齿，对于十分勇敢的人也是一样，何况我还不勇敢。但爱情这玩意的力量是无法形容的，当它把人烧焦的时候，我下定决心等到考完试以后向她求爱，甚至连情书都写好了。

然而后来，事业在我的心目中又占了上风，这只是读了一两篇文章带来的。起初我还想着让她成为我事业上的助手呢，但后来先哲们告诉我："古往今来的人才史证明，早恋不宜于成才。"如果让我在事业和爱情两者中选择其一的话，我会毫不犹豫地选择前者，但我当时却没有认识到"二者不可得兼"的形势，还想选择一个两全其美的办法。我在这种心情下给《中国青年》杂志社写了封信，寻求帮助。

随着时间的流逝，我认识到再这样下去是危险的。我的学习成绩不是下降了吗？我的事业心不是淡漠了吗？我对浪费时间不是无动于衷了吗？

曲渊有首小诗，叫《没有事业的爱情等于零》，我要时常用它来提醒自己。

但愿在我的日记本上，在事业有所成就之前不再出现爱情的记录。

今天下午去学校了。果然不出我所料，成绩比期中退步了24分，总评不及格。虽然有些客观原因，但还是多在自己身上找找原因吧。

“不后悔过去，不放弃现在，对未来充满希望。”我愿用它指导我的人生。

理解青春期的关键词：社会性教育

性教育有四种渠道：家庭性教育、学校性教育、同伴性教育、社会性教育。我的日记到这里，已经看到了学校性教育的缺失，家庭性教育更是空白。后面会涉及同伴性教育。这则日记提到的是社会性教育。

社会性教育，是媒体、网络上提供的性教育信息。即使在今天的中国社会，社会性教育也是杂乱无章和欠缺的。在我读高中的那个年代，社会性教育的缺乏就更不用说了。这则日记中提到我写信给《中国青年》杂志求助，想找到一种恋爱、学习两不误的方法。这是我主动寻求社会性教育的过程。我不记得是否收到过杂志社的回信，这也在意料之中。

当一个社会的四种性教育渠道都欠缺的时候，青春期的恋爱无法做到“学习爱情两不误”便是正常现象了。

今天，在我的性教育营中，会有一整天的时间和学生们讨论“有一份感情怎么办”，其中还有一个辩论的环节，就是“学习和爱情一定冲突吗”。在辩论的过程中，我会让学生们思考什么情况下爱情和学习相冲突，如何做才能够不冲突。性教育营结束之后，许多孩子说：我觉得学习和爱情不冲突太难了，我不恋爱了。也有孩子说：我能够做到不冲突，我可以放心地恋爱了。这，就是性教育的力量。可惜，我那个年代没有。

如今，从事性教育的我，创办了“方刚性教育热线”(微信号：fgxjyrx)，全年365天不间断地免费服务社会，这也算是推进社会性教育的一点小小努力。

给青春期同学的话：如何兼顾爱情和学习？

“爱情和学习两不误”，是可以做到的，我们生活中有许多这样的例子。但这需要两个人都非常清楚自己想要什么，并且有很强的自制力，互相鼓励，互相督促。

你们要制定一个目标，有长远的和近期的规划，以及为了实现这个规划将如何合理地安排恋爱和学习的时间，也要有相互监督的方案，确定当偏离这个目标时如何做。这些都要清楚地写出来。

这样的计划越完善、越详细，你们便越有可能处理好学习和恋爱的关系。

总体上来说，你们主要需要解决两大问题：时间问题、情绪（情感）问题。

所谓时间问题，就是如何合理地安排时间，什么时候可以“谈恋爱”，什么时候必须专心学习。比如放学路上，两人可以一起走，倾诉一下彼此的温情，而在学校、在家里学习的时候，则严格约定不能谈情说爱。

所谓情绪（情感）问题，是因为恋爱过程中会涉及许多影响情绪的事情，好的、促进学习的影响就不说了，但有一些影响可能会干扰我们的良性情绪，从而影响学习。比如，对方没和自己说话，担心对方不爱自己了；对方和别人说话了，有些吃醋，等等。这需要你们彼此的信任，还需要一个好的沟通机制。

总之，恋爱与学习并不必然矛盾，关键是如何处理好两者之间的关系。如果两人有共同的志向与人生规划，有明确的学习目标，有高效的时间管理，那么，恋爱也能促进学习。没有良好的学习习惯，不恋爱也提高不了成绩。

如果你和对方很难处理这些关系，就很难做到“恋爱学习两不误”，那就要重新思考和选择了。

我的日记

1984 年 4 月 9 日

再睡一觉就满十六岁了，我在人生的道路上走了十六年，但收获甚微。我越来越感觉到：继续升学不利于我成才。我想：好坏就是今年这一考了，如能升个中专之类的学校，我当在学习之余抓紧创作，如果什么学也没考上，就赶快找个工作算了，这样八小时以外就全是我的时间。

我不必为没有升学而发愁，只要能成才，怎样都行。上大学只是手段，不是目的。

我也不必为工作不好而遭人嘲笑，“走自己的路，让别人说去吧”。

我也不必分心于其他事，可以一心一意地扑在我的文学上。

但愿我在四年之内取得辉煌的战果。

理解青春期的关键词：高考

在S学校读高二的这一年，是迎接高考的关键一年。因为当时还实行二年制高中教育。但我再一次陷入暗恋中。我开始重复初恋时做过的事情：记日记，写情诗，远远地偷窥，在目光里脉脉传情。渴望同她接近，真有接近的机会时又逃避了。我仍是个不成熟的、不敢明确表白自己感情的痴情郎。当时，我还远远不具备进行各种判断和选择的能力，这和年龄没有关系，却和我没有接受到好的性教育有关。这也说明，恋爱能力不是随着年龄增长就自然增长的，它需要性教育来提升。

第二次“恋爱”与“初恋”一样，我完全活在自己的感觉中。恋爱需要四种心理功能——思维、情感、感觉、直觉——一起发挥作用。在著名心理学家荣格看来，越是成熟的人，这四种心理功能便越趋向于均衡地发挥作用，虽然总会有一种占据主要位置。

另外需要一提的是，这段时间，是我极强的事业心开始形成的时期，这类内容在我的日记中占据了相当大的比重。根据这里所提及的，可以对我当时的整个心理状态有个大概了解。可惜，这份事业心没有表现在脚踏实地地准备高考上。

前面最后一篇日记中，看起来，我那时已经在怀疑教育制度是否足以使我成才了。

教育对人的成长是重要的，但教育应该激发创造力，而不是束缚它。近年来，对教育制度的反思已经很多了，但在当年几乎完全没有。

青少年的我在相当长一段时期内都认准一个死理儿：高考、上大学对成为一名作家没有什么帮助，作家不是从大学里出来的。后来我在很大程度上将这种心态归咎于当时媒体的误导，即好的作家是由生活磨炼出来的，前辈大文豪最多来自士兵，其次是记者。这与当时高等教育的不普及有关，舆论尽力宣扬“榜上无名，榜下有路”的说法，却被我这种人理解为“榜下有路，榜上无路”了。

而今天我们已经清楚，中国的高等教育有它的不足，但接受高等教育对于人才的成长仍然很重要。

我的日记

1984 年 4 月 26 日

今天，当我在班长那里看到了也有你的入团志愿书时，我的心怦怦地乱跳起来。我用颤抖的手打开它，我想知道你的年龄，这是我长久的愿望。

别以为我是在追求年龄上的所谓相称，我一向认为女子比男子大一两岁是有好处的，但世俗的观念不可不考虑。

当我去翻那页纸时，我对自己说："冷静、冷静、再冷静，爱情不应以年龄来衡量，只要你爱她，大三四岁也无妨。"翻开那页，我的目光急不可耐地向那填有出生年月的地方投去：1967 年 1 月 5 日。哦，我的静，很难说清当时我的感觉，我只觉得轻松了许多。你才比我大一岁，年龄上我们是很合适的。我以为。

我怀疑自己看错了，又看了好几遍。没错！

静，我说这个并不是想说我对年龄的关注，只是想记叙一下我当时的心境，你切不可把我当成以龄取人的伪君子。

理解青春期的关键词：脚本

我们从出生起，便接受着各种各样的社会脚本的塑造。**所谓脚本，是社会规范后的行为方式。比如对恋人年龄的关注，便是主流社会婚恋脚本的体现。在这个脚本中，男**

人在任何方面都要比女人“强”一点——年龄大一点，个子高一点，学历高一点，经济好一点，等等。

我们每个人都身处“社会性别文化”的大染缸里，不可避免地受到它的浸染。然而，我们每个人也都是特别的，在受到主流社会性别文化影响的同时，我们自己的经历也在塑造着我们自己生命的脚本，这被称为“脚本的改写”。我的性别模式脚本在当时便开始改写了。

在改写或称自我塑造的过程中，我们开始改变着这个“染缸”固有的颜色。所有的服从和背叛都是历史的，而只有反思是永恒的。当无数个“我”对这个染缸产生影响之后，社会也就随之发生了变化。今天作为一个性别学者，我做的正是这件事。在性教育中，我强调“离开性别，我们无法理解什么是性”，这便是将性别教育纳入到性教育当中的做法。

同样值得注意的是，在那个年龄爱上一个女孩子竟立即与婚姻联系在一起，这也是受当年“恋爱—结婚”的主流模式根深蒂固影响的结果，今天的青少年已经不这样看待爱情了。

我的日记

1984 年 5 月 9 日

我奇迹般地发现你作弊了，静。

虽然我有时也作弊，虽然我知道你也会作弊，但我还是感到吃惊。这种考试，这种试卷，你还作弊？不可思议。你图什么呢？图那毫无价值、自己骗自己的分数吗？不可思议。从你自己的言谈中听起来你抄得还挺“凶”，这怎么行！如果你真的是为了抬高一点点虚假的分数，那可见你也是很庸俗的了，但世间没有完人，一年以前的我恐怕还不如现在的你。

理解青春期的关键词：晕轮效应

人际交往的一些心理效应，对于爱情很有作用。比如首因效应，讲的是第一次见某人时的印象会影响到以后对这个人的印象。还有阿尼玛原型效应，讲的是每个人心中都有一个理想的异性形象，男性心中的叫阿尼玛原型，女性心中的叫阿尼姆斯原型。如果遇到的人符合心中的这个形象，就会喜欢上对方。喜欢上一个人之后，可能还会出现光环效应，就是觉得这个人各个方面都好，或称“晕轮效应”，简言之：晕了。我对“静”这个女孩子的爱恋，就是这些效应在发挥作用。

当我发现我爱的人居然作弊的时候，那个光环变得不那么闪耀了，但是这并不影响我爱她。那时候的我，其实已经隐隐地感觉到，对一个自己所爱的人产生的夸张的心理印象，并不是完全真实的。当我们爱上一个人的时候，便会选择性地注意TA身上的优点，进而，TA身上所有的其他品质也会被我们推断为好的。虽然这种“好”带上了我们自己很多的主观价值标准，但毕竟，我们在内心完成了对对方的一次由里到外的重新塑造。因此，我们有时候几乎搞不清是在爱一个人，还是在爱那个被我们自己塑造出来的人物形象，抑或是在爱“爱情”这种感觉本身。

孩子心态的爱恋有着更多的“晕轮效应”，伴随着一种近乎“追星”般的迷恋，伴随着一次又一次恋爱和失恋的感受，我们也终会辨识出“晕轮效应”带来的迷惑。我并不是想说它“幼稚”，性教育的目的只是在于让受教育者知道存在这样一种效应就可以了。

存在这些“效应”不是问题，问题是应该让恋爱中的人懂得这些效应的存在。这是我在性教育中都要讲给学生们的，让他们更清楚地了解自己的情感和心理。

我的日记

1984年5月13日

昨天上午原打算赋予它历史性的纪念意义。那就是在这个时间里把那封写了改、改了写，最后整整齐齐抄了两页蝇头小字的情书交给你，但我没做到。你可以想象，事后我是多么后悔呀。

下午杨敬哲应约来找我，我们谈了两个小时学习上的事情，四点多钟，我终于壮着胆子把自己的心事对他讲了，我多怕他笑话我呀！

当然我讲得很委婉，我先说自己看不下去书还有另一个原因，又说这是一种奇特的感情，继而问他是否记得某部影片里有这样的台词：“我的心里有个人影，赶也赶不走。”

当然他很快明白了，但一开始还不敢相信。而我却在说了个开头以后就大胆地、毫无顾忌地讲开了，最后还把给你的那封信拿出来给他看，他没看，让我“先放那儿吧”。

快五点的时候，他对我讲：“晚上出去散散步很有好处。”

我们盲目地走着，他旁敲侧击地说，现在十六岁，大学毕业二十几岁，正是大干一番事业的时候，人生的“黄金时代”呀这类的话。我懂他的意思，这道理我也懂，可我听不进去，我希望我们的爱情能对彼此的学业起到促进作用。

总之，一句话，他当时完全反对我这样做。

我们一起分析了后果。

我把信给了你，你会有两种态度。

拒绝我：敬哲说这时我会更痛苦，但我不相信你会拒绝我，敬哲说我没有任何东西可以让姑娘爱。

接受我：如果你也有事业心的话，敬哲说这样绝没好处。我所想的是彼此间的帮助是很难做到的，况且交往就要花时间，影响彼此的学习。他还讲结合是许多年以后的事情，这些年不好处理。又说我不能太自私，要多从你的角度为你考虑。还有一个半月就高考了，这样做会影响你高考。

如果你没有事业心，他说这样咱俩一块玩，没有任何好处。我讲如果是这样的话，我会“理智对待的”，他不屑一辩。他说：“我对你还不了解？”他肯定地认为我是感情冲动，并说他也曾经历过这种事。

啊，我心爱的静。你猜后来怎么着？我撕了那封情书。

理解青春期的关键词：同伴性教育

同伴性教育被认为是前述四种性教育模式中最有效的一种，因为来自同龄伙伴的声音更容易被青少年听进去。我向敬哲求助，敬哲与我讨论这份情感的走向，引导我做出一个决定，这样的就是最基本的同伴性教育。但问题是，同伴性教育应该由接受过良好性教育的同伴进行，敬哲自己也没有接受过性教育，所以，我的“同伴性教育”仍然是欠缺的。

敬哲是我那个阶段非常重要的一位朋友，他和我的讨论，已经部分具有了“增能赋权”的色彩。青少年成长过程中，同龄伙伴起着重要的影响作用。而同比自己年长几岁的人交朋友，可能更会有益。因为年长几岁的人可能更成熟，从而使年幼的人受益。朋友的作用，是父母无法替代的。同龄伙伴在许多方面的影响甚至会大过父母。父母应该鼓励孩子多交朋友。

给青春期同学的话：如何在恋爱上对自己增能赋权？

我提出了“赋权型性教育”的概念，还创办了“猫头鹰性教育营”。在猫头鹰青春营的第三天，我一整天都会跟孩子讨论如何处理爱情。夏令营一般会在比较大的空间里举办，我们让同学们站在空荡荡的礼堂中间，我会跟同学们说：“假设你现在有一份感情，喜欢上了一个人，你该怎么办？你有哪些选项？”

同学们会说出不同的选项，有的说表白，有的说压抑，有的说等高考之后再表白，有的说我就藏在心里默默地爱，有的说先和对方做朋友……通常会说出五六个选项来，我会把孩子们说出的选项写在纸上，然后把它放在大厅里不同的角落。同学们继续想：自己做出一个选择之后，后面再会遇到什么？

每个不同的选项背后都会有新的挑战，有人说选择压抑就可以解决问题了。但每个人可能不一样，所以你要把选择之后不同的可能性想好。比如，不要以为你压抑自己的感情，不想 TA 了，这件事情就结束了。不一定。我上初中的时候就是这么干的，结果没压抑住，更想她了，更占时间了，更耽误学习了。

有的人选择表白，那么表白之后会是什么样呢？可能有拒绝，可能有接受。拒绝的后面是什么呢？后面是伤心、是失恋、是痛苦；也可能有同学说，拒绝了，我就开心了，终于不用再想 TA 了，可以放心地学习了。对，这也是一种可能。

那么，接受的后面是什么呢？接受后面可能是老师家长的反对；可能是你走近对方便不再喜欢 TA 了；可能是你想分手，但是 TA 不分；也可能是 TA 跟别的同学交往你吃醋；也可能是热恋……总之，会有多种可能。

所以，在夏令营当中，我们要让同学们设想每一种选择背后的可能，然后问那些仍然站在大厅中间的同学，你想好了吗？看到每一种选择背后的可能后，你再想如何处理这些可能：你如何处理每种可能才能让自己的利益最大化？比如说家长反对你怎么办？比如说你不喜欢 TA 了，想分手你又该怎么办？对方不想分又该怎么办？

让大家认真地思考，还可以小组讨论，然后让每个同学走到写着自己选择的那张纸前。

这个教育的过程是什么？这个教育的过程就是增能赋权的过程。我们让同学们自己想每个选项可能产生的结果，思考结果之后的结果、对应的策略，以及策略之后的结果。这个过程就是思考成长的过程，这就是“成年”的过程。这才是长大，才是教育。在这个过程当中，青少年恋爱不恋爱已经不重要了，因为同学们成长了。经过这样深思熟虑的训练，对每种可能性进行了推演。有能力做出最负责任的选择的那个同学，即使在恋爱的时候遇到各种问题，也知道如何处理。这就是我们说的增能赋权，是自己思考之后做出的选择，而不是家长替 TA 做出的选择。

比如说，有一份感情，同学最终选择了压抑，这可能是很多家长要求同学们选的，或者是同学们自己选择的。但我们要在这个过程中和孩子一起思考，在思考的基础上做出这个压抑情感的选择。可能是因为我对这份感情没有信心，可能是因为我学习上有压力。这都可能是你选择压抑的原因，但选择压抑的结果是什么呢？当然可能有好的结果，比如专注地学习了，不想 TA 了；但也可能有坏的结果，比如说压抑失败，精神抑郁，等等。如果这样，你又该怎么办？如果不压抑又有什么好办法？这都是我们要思考的。这一步一步思考的过程就是让孩子学习和成长的过程。我们要做的性教育就是这样的。

以上这些，各位也可以在你的生活中自己思考，自己练习。这同样是你们成长的方式。

我的日记

1984 年 5 月 14 日

我之所以撕了那封煞费心血写成的情书，绝不是由于我的胆怯，而的的确确是为你考虑才这样做的。

是呀，敬哲讲得很对，我是太自私了，只想到我自己，只想到我们的交往会对我自己有何影响，而没有想到你。

敬哲讲如果我们现在就彼此相爱，一定会对双方的学业起阻碍作用的。在我也许好克服、好处理，在你则很难说了。当我冷静地考虑以后，我觉得他讲得真对。

敬哲又试图用一些最尖刻的语言来刺痛我，使我觉醒，可我受不了了，他刚说两三句我就打手势制止了他。终于，我把那封信撕了。

敬哲找不到火柴，就点起电炉子，把撕成一堆的废纸片引着了，全部烧成了灰烬。

这时敬哲笑了，他祝贺我战胜了自己。我则说："我不知道自己这样做是否对，事实上只要我愿意还可以再写一份的。我有底稿。"

事后敬哲又表示为我高兴，因为我能正确地对待这个问题。

理解青春期的关键词：合理化之"甜柠檬"效应

此处，明明是因为自己胆怯而不敢给对方情书，日记中却将其美化成是为了她才这样做的。这是典型的合理化做法。

合理化是一种心理防御机制，它发自潜意识。当个体在意识层面上无法接受一份痛苦的时候，他就会将这份痛苦压抑到潜意识，由潜意识带来一个让自己接受的理由和念头，以维持内心的平衡，将那份痛苦化解掉。合理化就是其中的一种机制。

我当时用的显然是合理化中的一种“甜柠檬”效应，我无法面对自己的胆怯心理，而用“为了她”来解释并说服自己，不给情书是一种最好的选择。

人们常常会认为心理防御机制是一种逃避。然而事实上，心理防御机制是每个人的本能，就好像遇到了危险会躲闪一样。这本无可指摘，就好像不能面对自己的胆怯一样，而这种“逃避”之所以被诟病，是因为我们将胆怯、懦弱等性格特征以及处事方式赋予了过多的“道德”评判，而实际上，那仅仅是自我保护的一个应急反应而已。

我的日记

1984 年 6 月 4 日

我写了求爱信，精心策划要给你，但是，又没敢给你。

敬哲说：你总把这种爱情关系想得太神秘了，整天偷偷摸摸，其实这是很正常的，根本不必那样。

理解青春期的关键词：禁忌、“越轨”

“将爱情关系想得太神秘”，确实如此。但那是一个“敌视”早恋的社会文化，是一个男女生缺少正常交往、很少交谈的校园，男女间人为的隔绝造成了神秘感，神秘感又加剧了这种隔绝。当然，我那时又是一个极退缩的、极顺从的孩子，胆怯、内向、闭锁，心底一直觉得自己的爱情是一种“越轨”行为。社会与文化造就个人，个人又强化这种文化。

越轨行为在一定程度上是对社会控制的反抗。当社会通过规章确立、文化影响等方式来确定一种规范的时候，违反这种规范的行为就会被认为是越轨的。越轨者有“非主流”的价值边缘感，这种感觉一方面带给越轨新的心理刺激，另一方面也带给人们规范和拘束，这就形成了内在的社会控制。当人们从内心认同这种社会规范的时候，越轨所带来的压力就是非常巨大的。当时对“早恋”的否定文化在很大程度上带给了我压力。

今天许多父母致力于规训孩子，告诉他们这个不许做那个不许做。这些，都是文化禁忌。这些禁忌通常并不会阻止他们“越轨”，只能使得他们在“越轨”的时候，承受意想不到的负荷。赋权型性教育主张：不把教育者的价值观强加给学生，只是引导他们做出对自己利益最大化的选择。

我的日记

1984 年 7 月 17 日

静，早上把给你的信寄走了，是五点多出去买早点时寄的，估计现在你该收到了，现在是下午五点。是祸是福，老天保佑。

静，我想马上就看到你的回信，又怕看到你的回信，谁知道你会写个啥呢？！

静，我原以为自己此时一定会心情阴郁，提心吊胆，其实不是。不知怎的，信一寄走，我反而觉得轻松了许多，只等着你判决了。当然，如果你不回信也没办法，我难道会写第二封吗？说不准。

1984年7月22日

静，你的复信19日晚到了敬哲那里，20日上午他带给我，我读到了它。本是想马上回信的，可一直耽误到今天，你一定等急了吧？！真对不起。

我接到信后激动的心情自不必说。

因为担心妈妈看到信，所以我留了敬哲的地址。

1984年7月24日　星期四

静，我亲爱的姑娘，请你允许我这样称呼你吧，我爱你呀。昨天把给你的信寄走了，隔了那么长时间，我真怕你也“以其人之道还治其人之身”，不马上给我回信。静，我爱你呀，你给我的信，我里里外外，上上下下都吻过了，静。

静，你的信我反复看了许多遍，直到现在还常拿出来看，倒不是想看内容（内容我都能背出来了），而是想再看看你的手迹。静，我有时真不敢相信自己手中拿的是你的纸，你的信封，你写的信，而且是写给我方刚的信。

静，我从你的每一句话里猜测着你的隐意，揣摩着你的思想，无需质疑你不是那种轻浮的姑娘，这就证明了我的眼力没有错，这就足以让我信任你。我真想马上说破，可敬哲不让，他说几年以后我对你也许会有新的看法，那时我就会后悔了。静，你说我会吗？

给你的信寄走以后，原想可以安心读书了，其实不然，心里老惦着你，不知你会怎样看待我的信。我想你也是这样的，以后我接到信后要马上回信，不让你着急、分心。

静，今天我还会收到你的信么？说不准。但我想明天一定会收到的。

静，快给我回信吧！

理解青春期的关键词：情书

爱情所具有的相互性让我们彼此喜欢，而实际上，我们只是在喜欢喜欢我们的人。信件的交流让我徒增了对方喜欢我的确信，虽然这只是猜测。事实上，信件并不能让我们彼此有非常多的了解，但正是这种你来我往的回馈性交流，足以让我们进一步加深对对方情感的确认，并由此加深对对方的喜欢。

这种暧昧的情愫在心理上拉近了彼此的距离，但同时又增加了一层朦胧的神秘感。男女双方在彼此吸引的过程中，所产生的暧昧的感觉常常让人觉得浪漫，那是因为，我们在不断揣度对方心意的过程中，自己的情感处于半满足状态，这种状态会强化对方在内心对自己的吸引力。那个时候，事实上，对方是谁已经不再重要，重要的是对方的态度——一个眼神、一句话都足以让我们回味许久。

我的日记

1984年8月24日

回到家，忽然有一个不认识的小男孩给我送来一本书，什么也没讲便走了。我好奇地翻开书，见里面夹着一张三十二开的小纸，一看纸上那熟悉的字体，我惊呆了——这是静的字呀。记得那页纸大意是这样的：

“方刚：你的来信收到了，让我说什么好呢。我现在还不想答应你什么。你很坦率，让我不要轻易信任你，是呀，我怎么会轻易信任你呢。现在还不到时候。静。”

我当即就明白了，是静收到了我的求爱信，可我是什么时候写的呢？我忘了。我能看出来并不是没有希望了，她说“现在还不到时候”，那就是将来某个时期会到时候的；她的署名不再是“同学静”了，而改为“静”，这不是可以说明点儿什么吗！失望之余我又有了一丝欢欣。

后来见到了静。不知怎么的，谈到上大学这个问题上来了，静的态度着实令我吃惊和失望。她说：“你要是明年再落榜，咱们只好一刀两断了。”我忙忍着委屈的泪水对她解释，一个人的价值不应只看他是不是某某大学毕业，而应看他的实际学问。我想静是该懂这个道理的，却没想到她用极尖刻的语言嘲讽了我，说我“天真”。

我伤心了，一翻身，睁开了眼睛——原来又是做梦，却和真的一样。我想着自己梦中的这两个片段，心头不禁有些忧闷。静呀，静，我们之间的友谊乃至爱情会持久吗？

理解青春期的关键词：梦

依据心理学对梦境的解释，梦是人们意识层面的压抑到潜意识层面的释放，所以，了解自己的梦是了解自己内心非常好的方式。和静的并不频繁的通信以及“友谊”显然并未能完全释放我对她的情感，因此，梦就成为很好的释放渠道。

相见之梦，是愿望的达成。现实中不能实现的愿望在梦中得以补偿，获得安慰。

梦，又起着一定的“预见功能”。我与静的结局，其实已经注定了。梦的预见功能实际上是对人们在意识层面不愿意面对的问题在潜意识层面的提升。我内心一直不愿意接受一个可能的事实：我考不上大学，我和静的关系就没有希望。但是事实上，我心里清楚这是难以逾越的社会规范，我更清楚，即使我自己想逾越，别人也未必可以。因此，在梦里，我屈服了规范，尝到了痛苦。“梦是反的”，事实上不尽然，我们每个人都是自己的解梦者，害怕什么，不敢面对什么，梦会告诉自己，很清晰。

我的日记

1984年8月27日　星期一

想到了静。无疑，对她的爱极大地耽误了我学业的长进。然而这全怪我自己无自制、无志气，几十年以后，我和静都会进入暮年的。如果她先我而去了，我也无意留在世上了。而且那时我的一生大抵已经被历史下了定语了。静，我与你“不能同年同月同日生，但求同年同月同日死”。这可不是儿戏，我不能没有你。

理解青春期的关键词：浪漫主义爱情

所谓“不能同年同月同日生，但求同年同月同日死”，是一种浪漫主义爱情的体现，以为有了爱情便有了一切，这种单纯其实并不利于一个人真正面对爱情和婚姻。

这种对爱情的幻想其实也是被社会文化构建出来的。事实上，在遭遇现实的时候，这样浪漫主义的爱情容易让人更加盲目和无所适从。特别是当这种浪漫主义的爱情观念占据了人们内心对爱情全部理解的时候，一旦现实并不完全符合这种理解，内心就会产生冲突，会让自己难以适应这种变化，极端的反应就是自杀。

所以，我现在在做性教育的时候，一直反对浪漫主义爱情观，而强调把爱情的脆弱性告诉学生们。

给青春期同学的话："爱情至上"能信吗？

如果有人问我，小说、影视中那些感人的爱情故事是不是真的，我想说，虚构的作品，也是根据现实进行的加工创作，我们不难在生活中找到其原型。比如孟小冬、张爱玲等名人……她们都信奉"爱情至上"的观念：把爱情看成人生最重要的甚至唯一的追求。为了爱可以奋不顾身甚至自我牺牲，许下山盟海誓，即使得不到对方的爱，也要独自爱下去，以证明那份忠诚，或者因爱不得而生恨、致死……这些人的爱情都是回避现实的，始终是在幻想中恋爱。这种"义无反顾"，并不是我们倡导的。

另外一些人，幻想有一个完美的人来爱自己。对爱情有向往不是坏事，但总归要面对现实。韩国电视剧《来自星星的你》迷倒众多女观众，男主角集年轻、美貌、体贴、痴情于一身，危急关头总是及时出现，无所不能……这不是反而揭示了，地球并不存在理想的恋人，只有外星才有？

爱情由激情开始，最终会回归平静。如果不了解这个过程，我们就会误认为爱情能够永恒。要想维护亲密关系的长久稳定，不能依赖幻想，承诺也靠不住，而要经受现实的考验，双方承担责任和义务，长久地经历生活的琐碎。爱情至上者往往会被现实打击，走向悲剧。

现实并不令人满意，所以文艺作品就满足了人们现实中不能被满足的欲望，起到类似于性幻想的作用。比如，有些作品是高富帅或者位高权重的人痴情追求灰姑娘，像琼瑶的宫廷言情剧《还珠格格》等。迷恋这类故事的人，往往是把自己想象成女主角，梦想着白马王子的出现能让自己飞黄腾达，但现实中怎么可能？！近年还有一些宫斗剧，渲染争夺权力、钩心斗角甚至不择手段。如果我们受这些作品影响，不懂得平等、尊重、信任，现实中也整天怀疑、算计、征服，怎么能建立良好的亲密关系？整天幻想着“都教授”“皇阿哥”会来拯救自己，人生全由别人主宰，怎么会有自己的幸福？

向往爱情，要做理智、现实的选择。**文艺作品中的爱情虽然感人，但生活是真实的，我们必须思考，这些观念是否合理？是否符合现实？是否有助于我们的人生幸福？**

生命是宝贵的，也是丰富的，完全不必为得不到爱情而失去整个世界。对自己负责，让自己活得精彩，才会吸引真挚的爱情。

我的日记

1984年9月13日

晚间收到静的信，讲她已被天津职业大学工业统计专业录取，并再次讲让我集中精力，专心致志，“不要再想些别的事情”。

信很短，我却看了许久，句子很冷，我却感到脸上烫得很。一失足成千古恨，静一定在怪我了。

我也更加了解静了，她的确对“品学兼优”四字受之无愧，比我要成熟。这一点我不愿承认，可这是事实。她的话我不会忘了，我一定努力学。

静，明年大学里见吧！

1984年9月22日

不知怎么的，我总觉得我和静的关系进入了解除时期，我真怕她什么时候来信对我讲：“我不理你了。”当然她不会这样的，至多不再热心地给我写信，冷淡我罢了，可那样会更让人难挨。

我的纯洁的初恋，就这样毁了么？

理解青春期的关键词：幻想、身份

我似乎已经意识到她的离去了，只是，我还不甘心，还有幻想。现在看来，这幻想本身是一种重要的自我安慰，可以使我靠着这幻想多一些力量去读书与生活。

幻想可以对我们进行心理补偿，这种满足是意识层面的。如果说这是一种“精神鸦片”，那么，当一个人遭遇万难的疼痛的时候，一支止痛的“杜冷丁”并不是完全没有意义的，至少，它能够慰藉我们的情绪，可以给予我们康复的机会，帮助我们走过最难挨的疼痛。

虽然幼稚，虽然还有种种幻想，但其实我自己那时也已预见到结局了。此后的日记，便更多的是一些单相思的梦呓了。现在看来，对这结局的归因也太简单了些，不能够简单地归于一方上了大学，另一方在待业这样的身份差异，而更主要的是双方从来没有真正走近，并未真正相互了解，这并不是一份真正的爱情。

身份感在当时甚至现在的中国仍然具有重要的意义，它意味着出身和社会地位。在中国，身份已经成为意识形态、民族文化以及道德行为规范准则，它对我们的作用是持续的、根深蒂固的。大学生和待业青年，少年的我清晰地知道这种不可逾越的身份差异是什么。虽然我讨厌这种隔阂和距离，但在我们内心，这却是躲不过去的情结。终其一生，我们与其说是在追求自己的理想，莫若说是在追求一种身份、一种社会认同。

现在看来，当时的我对静的所谓的“爱”，是自我营造的幻觉。我到最后也未能真正了解这个人。

美国精神分析心理专家弗洛姆的著作《爱的艺术》告诉我们，爱情不仅仅是一种感情，它和人们的成熟度有密切的关联。爱情是人们可以通过努力发展自己的全部人格并以此达到的一种创造倾向性。爱其实并不是对象问题，而是能力问题。爱的能力源于自省，我们之所以会对爱情产生不满足，主要是因为我们爱的能力的缺失。

依照人格的不同，爱情会有很多形式。幼稚的、孩童式的爱情的原则是："爱，因为我被人爱。"而成熟的爱的原则是："我被人爱，因为我爱人。"幼稚的爱的内在需求是："我爱你，因为我需要你。"而成熟的爱的内在需求是："我需要你，因为我爱你。"

给青春期同学的话：求爱被拒绝怎么办?

不喜欢你的人，诚实地拒绝了你，这也是对你的尊重。虽然情感上你会伤心难过，不容易接受，但行动上，你没有继续追求，没有纠缠对方，这是你在理性地处理自己的情感，这是尊重他人权利的重要表现！在你这个年龄，是非常难得的！很多成年人也未必能做到如此！相信你尊重他人的做法，会给对方心里留下美好的印象。虽然这次没有得到理想的爱，但是你收获了 TA 的诚实与尊重，也表现出了你的理智与成熟。

爱情，是人类丰富情感中的一种，是亲密关系的一种。我们的爱情也必然是酸甜苦辣咸涩，滋味不少。你爱了却被拒绝了，暂时伤心也是很正常的。可以多参加各种文体活动，转移注意力；或者向好朋友倾诉以减轻烦恼。身处青春期的你们，要面对的正是这些陆续到来的丰富的滋味。

建议你做下面的练习：找个安静不被打扰的地方，想象你喜欢的人坐在你对面，你向他倾诉："我深深地爱着你，你的拒绝让我很伤心，现在我知道了你的拒绝是对我的诚实与尊重，我尊重你的选择。感谢我能遇到你，爱上你，享受美好的情感。我暂时无法停止喜欢你，就让我继续体会各种滋味吧，我会在这份爱中成长的。我衷心祝福你，也希望你祝福我。"练习做完后，你会感觉轻松很多的。

在这次经历中，相信你看到了一个真理：不是你爱别人，别人就一定会爱你。能看见这一点，就能理解——爱一个人并不是爱的目的，爱一个人而从中获得自我的成长，让自己变得更独立、更自信、更完美、更包容……提高自己才是爱的真谛。所以，你并没有失去什么，而是收获了许多。你说呢？

我的日记

1984 年 11 月 26 日

今晚忽然想到，去上电大或职大也不错，只要能学中文。明天问问妈妈是否行得通。

人生，真难呀。"走自己的路，让别人说去吧！"但丁，你真伟大！我很想写封信给但丁，告诉他，他的这句名言对我起过多么大的作用。但丁，五十年后见吧！

静如果因为我不是大学生而不爱我了，也不该怪她，世道如此嘛。不过那也不算她真心爱过我。人家哪会想你呢？

理解青春期的关键词：成长

既然写作如此让我魂牵梦萦，以至无法在哪怕几个月间不去想它。当时也许真的应该早一些放弃高考这种选择，它实在不适合那个时候的我。

每个人都应有个性化的成长，但教育体制本身剥夺了我们的这个机会。

如今已为人父的我，看着自己当年的这些日记，看到自己在高考前浪费那么多时间，悔恨与焦虑折磨得我直冒冷汗。因为没有考上大学，我走了很多弯路。三十多岁的时候再考研、考博，重回“正统”。但也有朋友说，正因为我有着独特的人生经历，我的创造力没有在教育体制里被禁锢，所以我才会有现在的成绩。无论如何，人在成长过程中是需要付出代价的。

也许因为我个人的经历，我从不以“当下”判断一个人的一生。人的一生绝对不是脚下的几步路。如果摔一跤可以让孩子记住疼痛，学会爬起来，学会以后看着路走，那就摔吧，即使是摔骨折了，也比成年后摔断腿好得快。在尚能犯错的年龄，给孩子犯错的机会，那样就不至于长大之后为不可饶恕的错误付出更多的代价。所以，只要你的孩子心中还有梦，无论他现在多惨，家长也不必太焦虑。

我的日记

1985年1月1日　星期二

继父初见这个日记本时说："这样好的本子，只有溥仪那样的人才配用。"他正在读《溥仪与我》。这真是怪事，溥仪难道比我高明许多？仿效贝多芬的回答，我说道："溥仪，你这个皇帝，你之所以成为皇帝，只不过由于偶然的出身，而我方刚之所以成为方刚，则完全由于我自己。皇帝，不论过去、现在、将来都有的是，而方刚则只有我一个。"对，只有我一个。虽然皇帝也不会总有。

理解青春期的关键词：独特

我当年曾在日记本的扉页上写下"方刚：让这地球做你手中球""人的一生就应该像方刚这样度过"之类的"疯"话，足见我那少年时的意气风发。

每个孩子都有独特的梦想，几乎每个孩子都认为自己是世间独一无二的，也希望自己永远是独一无二的。而实际上，我们确实是独一无二的，即使是同卵双胞胎，我们每个人的思想、经历、体验，都是足够特别的。但为什么，在成年以后，许许多多的我们都会心甘情愿地做这个世界上最普通、最不特别的一颗微尘？甚至对于跟自己价值观不同的人会极尽伤害之能事？仅仅是我们被融合了吗？仅仅是因为从众让我们感到安全吗？还是因为在每个独特灵魂的背后，我们都尝到了其中的辛苦和付出？

父母应该欣赏、赞美和鼓励孩子的独特感，这将更有助于他成为“特殊的那个人”。

我的日记

1985 年 1 月 22 日　星期二

今晚妈妈买回三只毛茸茸的小鸡，只可惜没有一只的眼睛是睁着的。

原来妈妈是从很远的郊县买回的，又逢天气冷，小鸡已冻晕过去了。我把它们放到暖气上，又是加温，又是用手捂。终于，一只只的发出了星点的叫声。又过了很久，用手一摸，肚皮已有点热了，不再是冰冷的了。后来，渐渐地都睁开了眼睛，可以站立了，大约过了四五个小时，已完全恢复正常，吱吱喳喳，好不热闹。

想起来有点后怕，当初如果真的像妈妈吩咐的那样将它们当作死鸡扔掉，岂不可惜了三条性命。这足见做事不一定非要遵循经验、古训之类。别人走不通的路，并不见得你也走不通；别人认为是死胡同的，并不见得真的就是死胡同。

理解青春期的关键词：质疑

我对于“古训”的质疑，现在看来虽然牵强，但年少时就有的质疑和反思精神对人生的影响是多重的。对权威的质疑和藐视一方面带给我们创造力，因为创造力的强弱恰是与对“规矩”的遵循程度呈反比的；但另一方面，桀骜的少年也时常会将这种反叛演绎得过头，使自己走一些弯路。

可是走弯路有什么关系呢？正路一定是通途吗？通途一定有迷人的风景吗？走别人走过的路，诚然安全、顺利，但对于看重人生体验、希望实现特别的人生价值的人们来说，未知的未来，痛苦的彷徨，曲折的经历，哪样不是人生中极大的财富呢？

而人类，正是在不断质疑、反思前人中艰难前行的。

父母，对于孩子的这种质疑精神，也应该加以鼓励。

我的日记

1985 年 2 月 3 日

今天下午和冬青一起去了书店，买了本《趣味心理学》，其中有一篇文章是《性爱和性变态》，反复读了三遍。

这篇文章把性爱写成一种神圣的、伟大的感情力量，说“它不仅能够使人全身清爽、精神愉快，而且还能激发人的上进心和对生活的无限热爱”。

这篇文章一反长期以来我国对性爱所设立的禁区，提出了大胆的颇有价值的见地，就连我读后也觉得自己精神为之一振，心灵变得洁净多了。由此看到，要想教育青年如何正确对待那些不易正确对待的事的最好办法不是“强令”和“法度”，而要大胆地向青年讲解它，只有青年了解了，才能正确对待，回避往往适得其反。

我曾经并且现在有时偶尔也会被美丽的异性所迷惑，产生强烈的性变态的欲望。读了小说里几段色情描写，看了几张裸体画，就容易异想天开了。闭上眼睛，异性的胸脯和大腿闪烁于眼前，这往往造成极坏的后果，好在我深深知道这样的坏处，并能用理智克制自己，不致干些越轨之事。当然有时也要做几次手淫的恶习的，但事后很后悔，决心不再干，并订出一些计划，以便自警，求得自洁。老实讲，这种恶习是我以为自己唯一的缺点，如果没有这种缺点，那我就是“完人”了。

1985年8月2日

别的什么事情都不记了，专门记一记方刚的卑鄙之处吧。

他一方面想着与静的纯洁的友谊，一方面却又想着是不是勾引另一个女孩子。更卑鄙的是，他完全是被她的曲线美所吸引，才想接近她，而他的幻想竟是在两三次约会之内占有她！占有一个女孩子的肉体！卑鄙呀！卑鄙！方刚你太卑鄙！你怎会这样卑鄙！你这还想做人类灵魂的工程师！卑鄙！渺小！我怎样才能战胜自己呢？

我这个人真是不可救药。

方刚混蛋。

他不想这样，可到时候他就不自觉地这样了！

绝不能这样！女孩子有什么意思！忘掉她们！方刚万岁！方刚仍然是强者！方刚仍然是人类灵魂的工程师！

上帝救我！

理解青春期的关键词：性污名、自慰

当年日记中那种“性污名”的文化，在今天的社会中仍然普遍存在。日记中提到的书，很可能是我第一次接触到的正面谈性的书。一本对于性爱价值进行正面肯定的书，对青年可以起到如此积极的作用！

当性被污名化的时候，我们就会否定自己的行为，因为自己正常的性幻想、性行为（自慰）而自责，在有些青少年那里，成为自我否定的力量。那一句“这种恶习（自慰）是我以为自己唯一的缺点”，足见自慰背后的负面价值观对一个青年的压迫有多深。今天受这样压迫的青少年并没有减少。

后一篇日记中，被我自己骂了一通的，其实是我的性幻想。越是在现实中没有能力做的，便越在内心世界幻想着。性压抑下的青少年，陷入爱情和性欲的纠结中，有性幻想再正常不过了。

性幻想是一种正常的性活动，无可厚非。只要不是违背他人意愿强行实现性幻想的内容，就不是过错。既不是道德品质问题，更不是法律问题。对于性压抑的少男少女来说，性幻想恰好是最安全的性活动，而且它和自慰一样，一方面可以让初涉性事的少男少女体会“性”的快乐，释放压抑的欲望，另一方面又可以满足很多现实中不可能达到的性欲望。

性幻想非但是一种正常的性活动，还是一种充满创造力的性活动，它带给想象者无穷的动力和满足。

“他不想这样，可到时候他就不自觉地这样了！”青春期的性幻想和性梦一样，许多时候是不由自己控制的，是生理发育到一定时候的一种自然的心理反应。

当年的我，对自己喜欢的女孩子，内心是无法用“性爱”来和她联系的，我会下意识地感觉到“性爱”是在玷污这个女孩子。但同时，对于性的渴望，已经是那个年龄的少年跃跃欲试的冲动了。在生活中纠结爱情和性爱，把性看得低俗，把爱情看得崇高，正是主流文化带给我们的，这也正是引发我当时心理冲突的诱因之一。

当年的我绝不会想到，有朝一日会再对青少年讲这些知识：自慰很正常，不是坏事；性幻想也很正常，不是坏事……

给青春期同学的话：自慰不是坏事吗？

自慰是一种正常的性行为，不仅男生会自慰，女生也会自慰，任何年龄、性别的人，都可能会有自慰行为，这是正常的，对身体没有伤害。自慰不存在所谓“正常的”次数，“正常的”频率。

自慰没有标准，我们都没必要为自己的自慰行为感到自责，它不会给我们带来坏处。如果我们一直担心自慰会伤害自己，那么这种担心的情绪会一直伴随着我们，导致“想自慰—自责—性压抑—性冲动—自慰—体验高潮—加重负罪情绪—更压抑”的不良情绪恶性循环，从而导致思想负担加重，最后甚至会引起学习成绩下滑。

自慰不会过度，道理很简单：过度就做不了了，能做就没过度。如果有的人明显硬不起来了，皮都破了，还非弄不行，那就不是自慰了，是强迫症。

自慰次数不会过度，但方式可能会“过度”。严格来说，自慰可以有各种方式，因人而异。但对于一些青春期的同学来说，不知道保护自己，因自慰弄伤了自己，就是有害的自慰方式了。

青春期的很多孩子，男女生都会有，会用有害的方式自慰，结果把自己弄伤。有一位妇科医生跟我说：“我自己的门诊里头，青春期的女孩子来的就好几个，有的把黄瓜放到阴道里头，结果黄瓜刺儿把阴道刮破了；还有一个女生把鸡蛋放进去了，结果取不出来了，越弄越往里跑；还有的把发卡、眉笔、口红放进去够不出来了，都到医院来取。”

男生也一样，有的男生拿火柴棍扎尿道；有男生拿阴茎往墙上撞。我记得我们上学的时候，有男生把灯管放到肛门里，结果灯管在肛门里碎了，你想想多疼……

说到这里，自然就面临一个问题了：什么是无害的自慰方式呢？男生最简单的就是所谓撸管，用手心握住阴茎撸动；女生最简单、最安全的就是用干净的指腹环状揉搓阴蒂，同时夹腿。

此外，注意自慰场所，它需要一定的私密性，可选择在无人打扰、秘密的环境中进行，给自己营造一个舒适安全的环境，避免在公共场所影响他人。

我总是幻想性关系，是不是很下流?

爱上老师怎么办?

性梦中，梦到什么都是正常的吗？

同性恋，是病吗？

我的好友是同性恋，我会变成同性恋吗？

和别人喜欢上同一个人，怎么办?

第五章

那些关于性的秘密

性欲、性幻想，师生恋、性梦，谈性，同性亲密，同性恋恐惧，注意力涣散，友谊，分道扬镳、社会化……

我的日记中开始出现明确的性幻想；我对一位女教师有过的感情，以及涉及她的性梦，那是一个以性梦为罪恶的年代；两个男孩子间的情感纠葛，以及背后的同性恋恐惧……

我的日记

日记 1*

从今天起用黑色钢笔水陆续记录Y中一年的事情吧。

一九八五年九月七日（星期六），我第一天跨进Y中，在高三补习。

到Y中之前就自我告诫过：切不可再动情欲。在初到时还是很注意的，一心扑在学习上。

到Y中不久，我便注意到庞娟。她太美了。柔柔的曲线无以复加，高高耸起的乳峰，圆圆的屁股不大不小恰到好处，腰既不细也不粗，腿也是极美的。高高的鼻梁、大大的眼，一种逼人的神气让人看了无不醉。最禁欲的男子在她面前都会神魂颠倒。她对人随和极了，和许多男生都有说有笑，我虽自负，但对这样一个美人，却是连想都没敢想，而

---

* 作者注：1985年9月至1986年6月这段时间，我在Y中高三补习，准备第三次高考。这一年间极少记日记，下面的日记都是1986年底至1987年初补记的，所以没有具体的日期。

且当时一心扑在学习上。

后来有一次晚自习去河西民盟打探高考补习班的情况，碰巧和她一路，她先喊了我，我们边骑边谈高考，我并没有一丝局促。这段记忆给我留下了美好的回忆，我的恋爱也仅满足于此，我认为这就是在恋爱了。以后接触少了。我上课开始看她，平时也注意她了，而她似乎也知道班里还有我这么一个傻小子了。

许多次从她身边走过，都不能不心驰神荡，即使是穿毛衣的秋天，那馒头似的乳房的形状也清晰可见！啊，庞娟，你这一切多少次诱惑我在想象中强奸了你呀！正像卢梭所形容的那样：这种强奸可以施于任何一个女子，却不会伤害她们，而倒会伤害自己，同时自己也获得了肉体的满足。

这一时期，我们有过一些眉来眼去，但只是偶尔的。我不知道自己是否爱上她了。爱也无由，不爱也无由。

偶尔，我也重返过小小少年时的那种幻境：……高考后，相遇了，一纸情书，两厢爱恋，久经考验，结为伴侣，白头到老……

但如果不是不久后一个重要人物闯进我的生活，一切也许便会在这忽而出现的幻境中结束了。

理解青春期的关键词：性欲、性幻想

我的日记中第一次出现了这样赤裸裸的性欲描写，清楚

地表现出 17 岁男生对女性直接的性欲与性幻想，而不再是十三四岁时的朦胧之爱了。我开始关注和直接描写女性的身材，描写我的性幻想，这幻想中甚至出现了“强奸”的字眼。

今天，我们在进行性教育的时候告诉学生：青春期出现性幻想是正常的，无论幻想什么都不是过错，我们应该悦纳自己的性幻想。不自责，也就不会陷入“不能自拔”的状态。

给青春期同学的话：我总是幻想性关系，是不是很下流？

性幻想是青春期非常正常的心理现象，无论幻想什么，都不是下流的。

在青春期，性激素会加倍分泌，性器官也逐渐发育成熟，性欲求当然也会增强，性幻想也随之出现。这是人生成长的必然过程。

据调查统计，很多人都有过性幻想，包括男生也包括女生。性幻想的内容是多种多样的，有的指向某个熟悉的人，有的指向陌生人。性幻想是一种普遍的心理现象，通常是无害的。性幻想使人们在想象中，做现实中不能做的事，满足自己的性欲望，释放一些性压力，产生愉悦的体验，获得性心理的满足，对维护心理健康是有益的。

性幻想没有好坏对错之分，更不是道德问题，不必为此感到罪恶。仅仅是幻想，即使涉及暴力的、强迫的性幻想，只要不付诸行动就没有问题，它不等于真实的行动计划。如果付诸行动，那就是行为的错，却不是想象的错了。

性幻想本身并不会对我们的日常生活造成影响，造成影响的可能是我们对待性幻想的态度，比如对性幻想的恐惧，认为性幻想是可耻的、不可饶恕的罪恶。这是传统习俗中，由对性的羞耻感带来的。幻想其他内容为什么不会感觉到羞耻呢？为什么单单幻想到性会感觉到羞耻呢？幻想仅仅是幻想，和现实中的道德对错无关。幻想强奸也不是道德问题，更不是法律问题。但切不可把幻想的事付诸实施。

性幻想是不能控制也不必控制的。当你想要去控制它，和它对抗的时候，你已经被它控制了。对待性幻想，我们应该有自然、科学、健康的态度，不扬不抑，顺其自然。像对待风一样，来了不迎，去了不追。不必整天沉浸其中到处炫耀，也不必抗拒自责压抑后悔。

我的日记

日记 2

孙老师四十多岁，足可以做我的母亲，但相貌很年轻。她对我那样关怀，无微不至。后来还放宽要求，允许我上史地课不听，看别的书或睡觉。而且有次她的自习课我睡得很沉，下课后很久才醒，听同学讲她这节课上得很怪，讲话声音很小，有意压低似的，显得有气无力，和她平时的风格形成鲜明对照。我不能不心动了！

这种对老师的深情给我的影响太大了。很长一段时间我无时无刻不想她，晚上到家后脑子里也都是她。想着她对我的每一点好态度，兴奋不已。想着她一丁点儿不悦的神情，许久睡不着。她出差北京不到一周，我觉得生活中似乎少了点什么。她的课我盼着上，英语成绩自然因此提高了些。后来发展到上课时我总愿盯着她的脸看，愣愣的。她也意识到了，翻眼珠看我，我立时低下了头。

我当时自问，自己是否爱上她了？我是不承认的。但有一次，我分明梦见自己和一个四十多岁的女人性交。那个女人我不认识。她取下自己的性器官给了我，让我自己玩，她则躺到床里面掏出个小本背英语单词。羞愧！

理解青春期的关键词：师生恋、性梦

除了高一时的班主任张老师，在我的记忆中没有哪个老师给过我这么多的关怀。特别是作为一个高考落榜补习生，而非 Y 中的正式学生，我原本就是自卑的，是被另眼看待的，许多老师上课提问的时候都会跨过我们这些复读生。对于一个长期缺少教师关爱的学生来讲，孙老师的关怀让我受宠若惊，处于她的关爱中的那份幸福感受也弥漫开来，以至于浮想联翩，加上对异性的渴望与压抑，便生出了这个“师生恋”的短暂幻梦。

这个年龄的男生，对年轻女老师产生欲望和情感并不罕见。年轻老师身上所具有的学识、关爱和成熟的气息，是综合了少女、朋友、母亲等身份的混合角色，她们对男生形成的磁场是全方位的。当时受到孙老师的特殊照顾，而我又是个“缺爱”的孩子，在情感上会对她产生格外的依恋，加上她是年轻貌美的女老师，这份“师生恋”的产生便一点儿也不奇怪了。

至于那个对老师的性梦，更令当时从梦中惊醒的我感到恐慌。现在人们普遍接受这样的观点：性梦是一种正常的生理与心理现象，每个人都会有性梦，随着我们年龄的增长，对性的了解与体验的增加，性梦的内容会不断“深化”。但在我做性梦的那个年代，性梦被认为是一件不道德的事情，在文学作品中，通常在写到色情狂的时候才会写到性梦。还记得一位当兵的朋友讲，每天早晨班长都要检查他们的被褥，如果发现谁遗精了，便说明他做性梦了，便要进行处罚。在对于性梦存在这样误解的时代里，我梦醒时分的羞愧与恐慌也就不难理解了。

今天，我在性教育营中会和学生们说：“无论你梦到什么，都是正常的，你不能够控制自己的性梦；性梦不是道德问题。”

给青春期同学的话：爱上老师怎么办？

感情的对象，没有标准。有人爱上了一个明星，有人爱上了班级的同学，还有人爱上了自己内心想象的完美人物，当然，也有人爱上了自己的老师。一名优秀的老师，总会吸引学生的目光，其渊博学识让人崇拜、亲切待人让人尊敬、温柔话语让人心生温暖。这些加在一起，是爱情？不是爱情？很难确定。

也有人会说，这种对老师的“爱”是一种被成年人的魅力所吸引的“迷恋”。即使如此也没有什么不好。所以，我并不会简单地反对师生恋。

但是，爱上老师，也是一件有压力的事情。感情是美好的，如果我们处理得好的话。

师生恋会使学生和老师都面临压力，怎样才是对学生、对老师最合适的相处方式，需要多方权衡。

学生对于老师的爱情，是夹杂着崇拜、尊敬、温暖等多种情愫的感情，更是易变的。相当多“爱上老师”的学生，随着年龄的增长，及对感情更深的理解、对未来的追求，特别是随着升学和老师分开之后，这份感情会自然而然地消逝在时间当中，只留下美好的回忆。

所以，如何处理这份感情？如果当时还没有清晰的思路，没有合适的处理方法，先把它放一边，专心学习，时间久了，答案也许会自己浮现出来。

给青春期同学的话：性梦中，梦到什么都是正常的吗？

性梦是成长中的一个部分，伴随青春期发育时激素增长，第二性征的发育就会出现性梦的情况，这是青春期中最常见的现象之一，几乎每个人都会遇到。无论你有没有性经验，性发育后都可能有性梦，当然也有人在第二性征发育后一直都不会做性梦。不管会不会做性梦，这都是正常的表现。

在性梦中，有的男性会射精，有的女性会乳胀，这是受发育激素影响的一种表现。性梦是健康成长的一部分。无论梦境多么离谱，性梦都与我们的道德品质毫无关系。

有的同学会梦到和家人发生性关系，醒来后非常恐惧和自责。其实，这也是青春期性梦中常见的内容。因为我们通常会把日常生活中接触最多的人，组合进梦中。这并不等于我们真的想和家人发生性关系，所以，不必自责。

青春期做性梦，梦中的行为会让我们觉得自己有道德或行为问题，害怕别人知道自己原来是一个有问题的人。但是，不管做什么样的性梦，这和现实中的我们要去做什么样的行为以及道德是没有关系的。别在意梦见什么，它代表什么，有什么意义。梦就是梦，不是真实的现实世界。

我们需要明白的是，要分清梦境和现实的区别，不管性梦的内容是什么都不会影响我们成为一个积极向上的人。

日记 3

朱钧，八五年十一月份到了Y中。他第一次露面给我的印象不好，第二次却让我觉得他很可爱了。那样好羞、那样单薄，都给人这种印象。但我们却一直没有多接触。十二月十一日，早晨我到迟了，我的座位被挤得进不去一个人，他旁边座位上的人没有来。“坐这儿不完了吗！”他说。于是我就坐那儿了，于是我们就聊天了，于是我们就一拍即合了，于是我就完全昏迷在友爱中了。直到现在我还奇怪，同时我又看到许多人也重复着我当时那奇怪的思想，就是一见面便信任他、喜欢他，恨不得把自己所有隐私都告诉他。当天，他就知道我对庞娟的爱恋。当天晚自习前那一段时间，他就拉着我去给庞娟买贺年片了。当天晚自习回家的路上，我的脑子里就全是他了。

妈的！这一切来得也太快了！快得让人不能相信！快得不能不引出许多不那么妙的后果。

从一开始，我们就谈女人，大谈特谈女人。我不想说假话，如果这之前我对女人只是想一想的话，现在我则是要动一动了！以前我出于人的本能，以后我渐渐大胆、成为色情狂了。我衡量女人的是她的外貌，我所需要得到的是她的肉体。我想真正地玩弄别人了！这，不能说没受朱钧的影响，也不能说完全受朱钧的影响。真正的唯物主义者就要说真话。

理解青春期的关键词：谈性

男孩子间谈性，是一个可以使他们“团结”在一起的方式，因为性在当时是隐秘的话题，是男人间私下的话题，又是他们都感兴趣的话题。通过谈性的隐秘，可以增加彼此的认同感，以及“团队精神”。

谈性还可以建构男性气质。和自己的哥们儿一起谈性，除了能彼此分享压抑的秘密之外，还有着“炫耀”的隐意，无论是不是追求成功，对异性的性幻想和性释放，都是在同性面前证明自己魅力的方式，这是让自己的男性气质得到提升的绝佳时机。

而事实上，女孩子之间也谈性，其内容和作用几乎和男孩子是一模一样的，但我们为什么很少听到或者看到呢？因为她们太私密了，因为在文化的压抑下，女性谈性会被认为是淫荡的、羞耻的，于是，她们的困惑更难以表达，所谓的“性冷淡”就很突出，与其说是性困惑，不如说是性压抑。

一起谈性，也是满足性幻想、释放性压抑的一种方式。我们只需要警惕，这种“集体谈性”，特别是男生间的集体谈性，不要在男性气概的鼓动中演变成真正的性侵。

我的日记

日记 4

给庞娟的贺年片终于买了，写上一句自己很得意的话：“我希望每年都能送你一张贺年片，你同意吗？”但是，我最终把它烧掉了。

然而，朱钧因为我的关系渐渐对庞娟加以注意了，并很快爱上了她。而我虽烧掉了贺年片，心中并没忘记她。朱钧仍极力怂恿我去追求庞娟。

这中间发生了一件事。一天下午，朱钧传给我一张字条，问我想不想去看电影，他有两张电影票，是当天晚上的，又写道：“如果你不去，我就找别人。”我当时虽极不愿看电影，但一方面碍于面子，一方面也因为他这句话勾起了我的“竞争心”，便决定去了。开演前，我们在影院附近买了面包、香肠，边吃边谈。他谈了许多庞娟如何让他着迷的感想。

这次到家都十一点了，妈妈没睡，等着我。她说了我，让我以后别再出现这样的事了。“一晚上没看书！”妈妈说。

如果仅仅是一晚上没看书就好了，事实上，就是从这个晚上开始，我的紧张感消失了，一步一步走向松散。最终，我再一次与大学无缘。

那以后，我真是一步也不想离开朱钧了，总是盼着和他在一起。没课的下午一定拉他来我家，一聊就是一下午，后来有课时也拉他来，越谈越近。

他的言谈进一步促成了我对他的眷恋。“方刚，昨天你没来上课，我觉得少了点什么似的，一天没听好课。”这以后，我很少再缺课了。

“方刚，我真希望将来有那么一间房子，咱俩住在一起，读书、生活……你希望吗？”我没说什么，却很陶醉了。

春节前夕，他提出要和我买一样的新衣，两个人从上到下都穿一样的衣服……

友谊太深了，难免误会就多了。我们第一次吵架是我让他来我家而他不来，还说：“你家有什么意思！”我便生气了，许多天没跟他说话。过了几天，他传张纸条给我，大意是：“亲爱的心肝宝贝、眼珠：我太喜欢你们家了，你们家太好玩了！”等等。

当时看了信，我激动极了，便也把我头天晚上就写好，但没好意思给他的一张纸条给了他，内容也是请他原谅的意思。这张字条大意是：“朱钧，看在往日交情的份儿上，你能原谅我一次吗？我保证以后把友谊看得高于一切，绝不再犯小孩脾气了。不过你要觉得你已不可能像当初那样真诚待我了的话，就不要勉强了，因为我宁肯不要友谊，也绝不要杂着哪怕一丝一毫虚伪的友谊。”

他几乎在上面的每句话底下都画上了线，相当一部分是重要的。下课后，我恨不得马上和他痛快地聊一聊，因为我们近一个星期没说话了！我看他，他却不看我，还和一个同学在我眼前打闹。不过他一看见我看他，立时就红脸了，通红通红的。后来他告诉我，他之所以和那人打闹，完全是为了给我看，我既不理解，又理解。总之，那以后我们更加亲密了，我也更加陷在感情中不能清醒了。

这以后，我们又为一些小事打过无数次架。头一两次是他告诉别人，希望借助别人的力量达到和解，别人也真帮了许多忙。但后来，也许是我们友好时那副亲密的样子太让某些人看不惯的缘故吧，别人的帮助减弱了。但这时，我们自己已经学会了解决矛盾，主要是我学会了。

以后我们之间的关系，可以说一直是在打、和好、再打、再和好中过去的，一直延续到现在。

理解青春期的关键词：同性亲密

我和朱钧在这段亲密的同性友情中，一直保持着亲密的、充满温情的情感表达方式。人们通常认为，这样的亲密表达只适用于恋人或者女性朋友之间，而男人是被认为不应该轻易吐露感情的，是内敛的，相反便是所谓“女人的表达方式”，是被文化所诟责的。作为社会性别角色的这种定位，阻碍着男人情感的自然挥发与深刻友情的建立，相反，女人间再多的温情蜜语也被认为是可取的。这一差异起源于人类的早年，女人在家中带孩子，有足够的时间交流感情，而男人在外面狩猎，甚至相互争战，生存的压力使温情显得奢侈。而在传统社会性别文化的二元建构下，少言寡语的男人被认为是符合理性的，具有男性气质的，婆婆妈妈的情感表达则被认为是“非理性”的“像女人一样”。因此，男人就更加丧失了表达的功能。

与其说是男人天生不懂温情的表达，更不如说是男性对亲密的表达被文化阉割了。男性在情感表达上的缺失，是传统社会性别文化对男性的伤害，在很大程度上使男性的压力和负面情绪难以得到有效释放，也在很大程度上造成了男性与女性沟通的障碍。

这些事情中有几点是有必要再交代一下的。

1986 年 3 月中，我们发生了一次大争吵。后来朱钧想跟我和好，并且写了一封信，我见到了这封信，我也写了复信。值得一提的是这封充满柔情蜜意、满纸“亲爱的”的信在打闹中被一个同学从朱钧衣袋中掏走看了，我们上课时发现了，都吓坏了，因为当时班里似乎已在底下风传我们是同性恋了，这主要是从别人看我们的眼神中判断出来的，有人还问过朱钧“你和方刚到底是什么关系”一类的话。而我们之间的争吵，我们的形影不离，我们的亲亲密密，都是从不避人的。朱钧还跟我讲以后在别人面前最好注意点儿，“省得让他们瞎想”。

如果讲寒假前的打架主要是他最先提出和解的话，那么寒假后的打架则只有3月这一次是他提出的。其余的则大抵都是我惹起，我生气，最后我自己收场的。

现在想来，我并不该怪他不让我满意。如果我处在他的位置，也许做的还不如他呢。朱钧可爱就可爱在即使在这种情形下他仍多次让我满意，他多次苦口婆心地劝我相信他，向我表白他内心的纯洁，而每一次我都感动极了，快乐极了，可惜总是好不了几天。

友谊日深，越深越觉得不够，还要深。看到朱钧和别人好一点儿，便要嫉妒。朱钧和冬青认识之后，朱钧多少又有点见面熟，对谁都亲亲热热的。一次三人同去水上玩，冬青叫朱钧"军军"，我便"哼"了一声，矛盾许是从那时开始的。朱钧，我太喜欢他了，和冬青本就没有什么共同语言，所以倒霉的自然是非君莫属了。这种矛盾发展很快，听朱钧提到冬青我便很生气。但即便如此，朱钧还是老样子。这就是他的不对了。

理解青春期的关键词：同性恋恐惧

几十年后，回首我当时和朱钧的感情，确实不像友谊，而更像一份"爱情"。虽然在当时我们都是不承认的，我也认定自己是异性恋，我们在一起谈论和幻想的都是女人。但如上面的日记中所见，那份感情的表现特点，分明就是一对情侣。今天，作为性学家，对性倾向有了更多的深入了解之后，我才知道，我对自己的异性恋认知，与我和一个男孩子的恋爱，是不冲突的。特别是按着酷儿理论，同性恋与异性恋的二元划分法是应该被打破的，绝对的同性恋和绝对的异性恋是值得被质疑的。所以，我们根本不需要去判断那份感情是同性恋或者不是，只要珍惜和面对感情本身就可以了。

事实上，青春期发展出异性情感和同性情感都是非常正常的。遇到青少年找我咨询“我是同性恋还是异性恋”的话题时，我今天的回复是：不必急于给自己贴标签，当你感到迷惑的时候，你可能正处于“探索期”。不拒绝任何一种可能，爱谁是谁，管他男女。

可惜，当年我并没有这样的认知，而且，我和我的同学们一样，处于同性恋恐惧中。

同学们当时猜测我和朱钧关系的态度，就是明确的同性恋恐惧。而针对男性的同性恋恐惧要远甚于针对女性的。如今我们会认为，同性恋一点儿都不可怕，而可怕的是同性恋恐惧。那是 1985 年，而中国的同性恋平权运动始于 20 世纪 90 年代末，所以可见被同学说成同性恋在当年是多么恐怖的一件事。

给青春期同学的话：同性恋，是病吗？

同性恋不是病，不是罪，不是过错。它和异性恋一样，是一个人对另一个人的爱情。

不论我们喜欢的是同性还是异性，喜欢一个人的感觉都是相似的。喜欢一个人，总是因为对方有一些能够吸引我们的地方，有时候是外形、有时候是性格、有时候是对方的才华、有时候就只是一种感觉，当然还有许多其他原因。喜欢一个人，会带给我们各种各样的感觉，这些感觉有些会让我们更加积极，有些会让我们变得消极，这与我们如何思考、处理和应对我们的感情有关。但是喜欢本身是没有对错之分的。

那些说喜欢同性是变态、是错误的人，很多是因为自身观念和对同性恋认知不够不全或是认知错误造成的，以至带来了这样的一些言语。他们通常只是站在第三方的位置上，因为自己对多元世界的无知而对多元的现象进行这样那样的攻击和伤害。这样的做法是带有一些偏见的。

如果你的同学是同性恋者，请尊重他。如果有人歧视他，请告诉那个歧视的人：他的态度是错的。如果有同性恋同学向你示爱，应该将其理解成和被异性恋同学示爱是一样的，如果你不喜欢他，就告诉他，但不要歧视和羞辱他。同时，还要替他保密。

如果你喜欢上了一位同性同学，不必焦虑。每一段感情的开始，里面多少都会有它的患得患失，都会有它的困扰和纠结的地方，这就是爱情的特点。若你只是单纯因为感情而彷徨、纠结、痛苦、困扰，那是正常的；若是因为别人不认可同性之间的恋情，就认为同性恋有病、有罪、不应该、不正确，因而纠结，就大可不必了。接纳真实的自己，面对真实的感情，你会轻松很多。要知道，能遇到一个自己喜欢的人，本身就是一件非常美好和幸运的事情。

给青春期同学的话：我的好友是同性恋，我会变成同性恋吗？

不会的。

同性恋本身是一种自然的存在，与异性恋不同之处仅在于性倾向为同性而已，在任何国家、任何年代都是少数的存在。如果“同性恋”真的会“传染”的话，那你会看到大家都是同性恋了。可事实并非如此。多数人只是对同性恋不了解，有着错误的认知而产生了偏见和歧视。

世界是多元的，我们不能因为别人和我们不一样就去排斥和歧视他们，我们应该拥护多元，接纳别人与我们的不同、让大家在相互理解和包容的基础上更和谐地相处。

同性恋的同学，更需要理解、接纳、支持他们的朋友。

相信你可以不带任何偏见和歧视地接纳他，因为你是他的朋友，他需要你的支持和认可，当然我也相信你们的友情会更加坚固和长久！

如果你不确定自己是同性恋还是异性恋，可以理解为你正处在对自己性倾向的探索阶段。喜欢同性或者是喜欢异性，甚至是同性异性都喜欢，这都不是问题，都是正常的。你现在不需要急于对自己做出结论。无论同性恋或是异性恋或是双性恋等，都要认同和接纳自己的性倾向。从酷儿理论的视角分析，人的性倾向是处于变化中的，不应该做简单的二元划分。不论男女，在青春期阶段都可能产生同性恋倾向，但是这不代表个体会是同性恋者。青春期对异性产生性冲动和性意识的，长大后也未必就是异性恋者。身份认同是一个需要时间的过程，不必急，给自己一些时间。

我的日记

日记 5

朱钧开始过分地注意庞娟了，周围的一些同学都注意到了。而这时，朱钧已对我提过庞娟似乎很对他有些意思，新年联欢会上还用眼神挑逗了他一番，他请我原谅他爱上她了，等等。于是我们之间又有了这样一种微妙的关系，两个人同时留意、爱恋、受挑逗于一个少女，而两个人之间又都彼此不隐瞒，互相帮助对方，给对方出点子。

一次早自习，有男生对朱钧讲，要追庞娟可得快，现在每天晚自习后五班（我们是六班）一个男生都等她一块儿走。朱钧告诉了我，我知道大家都认为朱钧在追庞娟，所以心里便退了一步，再加上当时朱钧在我心目中已占了更大的位置，于是我便一心一意帮朱钧了，自己不想了，但仍觉得庞娟很不错。

这时，我为朱钧写了第一封情书，主要是讲他如何敬她。写好后却不敢给，两个人都不敢。

过了几天，有同学告诉朱钧，原来庞娟早就和五班那个男生“搞对象”了！还告诉他庞娟早在初二时就和男生发生过性行为，等等。朱钧伤心地告诉了我，我则哈哈大笑，笑得直不起腰来。这以后，我便开始渐渐地劝朱钧不要再想这事了，说庞娟和他不是一路人。而这时的朱钧却已相当固执。“我不在乎女人的贞操，只要她能真心爱我，我也会真心爱她。……如果能得到她，哪怕一天挨一顿打也心甘情愿。”他对她的爱发展到疯狂的地步了。

一天下午，孙老师因为我和朱钧上课时间出去理发，找了我们，分别“提审”。

孙老师那次“提审”问了些我们之间的情况，说学校不允许把不健康的东西带进来，又说我在走下坡路，成绩滑得很快，又说我很聪明，要对未来好好想想。软硬兼施的结果是，我当时几乎掉泪了。那时动不动就掉泪，所以这次要掉眼泪也没什么稀奇。

1986 年 4 月 1 日，孙老师上课批评我，我一气之下摔门而去。孙老师说：“有本事你别回来！”那以后我果然没再回去。后来做梦，梦见走时说：“二十年后你们请我回来。”当时却什么也没说。

出走后，我一直是在苦恼中度过的。

曾有一段时间，朱钧主动提出每周来两个下午为我补课。感动！

理解青春期的关键词：注意力涣散

交友不慎再次影响学业，本来就要考上大学了。但也不能怪别人，要怪自己。我这种一而再再而三，难以持之的状态，心理学上叫注意力涣散。

一个人之所以注意力不能集中，是因为这个人一时之间有太多的强烈的欲望，众多的强烈的本能欲望都在同时争夺意识的全神贯注，所以此时这个人往往难以集中注意力。当时吸引我的事情实在太多了：情感、性、文学、人生大志、学习……而做白日梦往往比集中精力做一件事情要容易许多。在一次次的白日梦中，我获得了满足，也“浪费”了时间。

在整理、理解青春期之我的少年日记时，内心一次次绞痛，只为当年浪费的时间。我几乎无法再继续这项工作，不敢去面对自己的日记，这在心理学上叫作阻抗。希望今天处于青春期的同学不要再重复我当年的路。

那句“二十年后你们请我回来”，正好体现了精神分析学家霍妮的观点：郁郁不得志的孩子常陷于日后发达的白日梦之中。

理解青春期的关键词：友谊

在青春期的某一阶段，人是将友谊看得重于爱情的。

对初涉社会的青年来说，友情和他们以往接触到的亲情及被长辈呵护的情感不同，它一方面完全没有任何的血缘关系，另一方面，又是平等的、心灵相通的。青少年通过对友谊的向往和体验来感知人世间的美好和温情。通过友谊，他们会觉得这个世界是美好的，从而对人世产生积极的向往和乐观的追求。

进入青年期之后，人们对原生家庭的依恋关系逐渐淡化，友谊成为青年逐步脱离家庭依赖后的新的情感寄托。寻找友情的过程，也是不断发现“自我”的过程。心理学家把友谊的价值归结为如下六个方面：稳定感和安全感；获得愉快和欢乐；获得与别人合理相处的经验；使宽容大度和理解力得到发展；得到批评他人的机会；提供求爱行动的经验与机会。

少年时期的人们，开始初步显现自我意识和人格独立性方面的发展，人际交往的重点以同龄的“伙伴关系”为主，这种平等的关系能提供父母所不能供给的稳定的认同感，并能为自我提供更多的能动性机会。这个时期的朋友，更多的是每天一起上下学、一起做作业，玩在一起，不分彼此，亲密无间地分享情感，人们在相互帮助和尊重中满足了自我发展的需要。

到了高中以后的青少年时期，随着自身生理和心理的进一步成长，尤其随着性心理的发育，朋友之间有了更多私密的情感和关系，依赖性也进一步增强，朋友之间的关系要稳定并深刻得多。这时，青少年渴望“知己性”的朋友更甚于“玩伴”。这个阶段，亲密朋友对人格的形成、价值观的形成都有重要的作用。

20 岁以后的青年期，交友开始趋于成人化。随着社会交往的进一步扩大，人的判断力、自我调节能力都得到了相对的提高，在交往方式上开始关注对方的感受，能够做到求大同、存小异，非原则问题对友谊的影响会减少很多。同时，由于内心丰富度的拓展和提升，交友更加广泛，人们会开始学习选择不同的朋友来满足自己不同层面的心理和现实需求。

英国著名哲学家培根说得好：“得不到友谊的人将是终身可怜的孤独者，没有友情的社会则只是一片繁华的沙漠。”

给青春期同学的话：和别人喜欢上同一个人，怎么办？

和别人同时喜欢上一个人，有时甚至是和自己的好友喜欢上同一个人，我们当然会有困惑，这也会让我们思考很多：如果表白，会不会破坏和另一方的关系？而且，如果表白成功了，另一方会有怎么样的反应？如果表白失败了，会不会被另一方嘲笑？还有当对方明确说了不要和他抢，如果执意表白会有怎样的后果？

想这些的时候，你要清楚：你和你的“情敌”，身份是平等的。你有表白的权利，你的“情敌”没有权利要求你不要表白。表白是对自己的情感负责，至于对方是选择你还是你的“情敌”，权利在对方。

一个优秀的人自然会吸引许多人喜欢，爱情也难免会有竞争，但爱情不是抢来的，而是基于双方互相尊重、互相接纳的结果。“抢”这个字本身会给人一种对女性不尊重的感觉，一个独立的人，不是物品，更不是谁的专属。每个人都有爱与被爱的权利，也有表白的权利。

我的日记

1986 年 9 月 6 日

许久没有记日记了。又一次高考落榜。意料之中。

已经考上夜大，开学了。我喜爱的文学专业，我终于可以做自己喜欢的事情了，不用再被高考束缚。

不久前，朱钧下了些决心，给他以前中学的好友王琴写了封也许只有我们才能理解其用意的信。在信里，朱钧表白了自己对她的爱慕，这爱慕自从跨入中学校门直到今天，持续七年有余了。在表白爱慕的同时，他又坚决要求她不要回信，说他并不希望她答应什么，只是把长期以来憋闷在心里的话一吐为快。我懂得他这封信只是为了求得心灵的解脱，因为他是知道结果的，他不让她回信，也正因为不愿看她说出那可以预料到的话。

今早如约去找他，一见面他就很奇怪地笑望着我，这是一种并非内心愉快，仅仅是因为要说出某件事情而产生的笑。

王琴回信了。

朱钧讲，昨天晚饭后，当他和他母亲单独看电视时，他母亲像是忽然想起似的说："对了，书包里还有你一封信呢。"朱钧并未介意。

"可能是王琴来的。"他母亲又似随便地说。朱钧立时跳下床，去翻书包，但他立即意识到有些失态了，便又回来说："没找到，一会儿再说吧。"

于是他母亲便很随意地说："你和人家提这种事应该考虑一下你现在是干什么的，人家是干什么的。"又点了一两句立即说："哎，你看电视，多有意思呀。"便不再提了。朱钧不知所措地坐着一动不动，脑子里乱得没了头绪。

王琴考上大学了。朱钧和我一样落榜了。

晚上，别人都睡了以后，他才悄悄找出那封信，信是寄到W中的，写他母亲收转朱钧亲启，打开后又有一个小信封，写的是“朱钧亲启”，小信封是王所在大学信封裁开反贴的。朱钧说她其实可以问别的同学打听他的地址的，我说她也许觉得那样更不妥当。

信写得很美。信里讲她一直把朱钧看作“淘气的小男孩、可爱的小弟弟”去爱护，并愿永远把他做个“可爱的小弟弟”，嘱他回信，发展“姐弟之情”。

朱钧后来说，任何一个有点自尊心的女生都不会同意和他“建立那种关系”的，因为他当时是个地道的“小流氓”，王琴给他一个“淘气”的评语，他都不敢相信。

今天，朱钧反复表示要干一番事业，“只有取得成就才有可能得到她，”他说，“原来社会是这样的。”

朱钧今天承认他自己不如我成熟，说他“有时成熟得可怕，有时幼稚得像个十岁的小孩”。我说这也太玄了，他不以为然。后来一想，有他这种想法不是也极正常吗？曾几何时我不亦是如此？！看来这是正处于迈入社会时思想的第一次波动期。

理解青春期的关键词：分道扬镳、社会化

朱钧和王琴，我和静，分道扬镳的结局如出一辙。这一切又是身份决定的。

中学恋人因为一方没有考入大学而分手，或者都考上大学却不在一个城市而渐疏渐离，大学恋人因为毕业时去了

不同的城市而分手，这些现象直到今天仍然非常普遍。就是这一次次分道扬镳，构成了人类情感世界的起起伏伏。

实际上，每一次的分道扬镳，都是人生的体验，感受分离，感受失去，感受遗憾，感受追悔莫及……每一次的分道扬镳，也是成长，学着原谅，学着承担，学着忍受，学着走出困境……人的情商就是在一次一次的拒绝和被拒绝，分离和被分离中发展起来的。

这也是一个社会化的过程。这时的我们不再能够随心所欲了，我们开始学习成人世界，甚至对成人世界有一丝惧怕。

那正是一个不断成长的时期，因为体验着不“成熟”的自我与社会交往中的种种冲突与障碍，所以渴望成熟，追求成熟。成熟的过程就是一个人社会化的过程。人的一生在不断的社会化过程中，通过社会控制和文化的影响进行自我建构。

人和动物的区别在于，人除了有自然属性，还有社会属性。社会化是人们由此将外在社会行为规范、准则内化为自己的行为标准的过程。用精神分析学家弗洛伊德的话说，社会化就是个人学习控制天性的冲动，就是“把野兽关到笼子里”。从人格发展的角度来说，社会化是通过内化他人的态度，来认识“自我”，并按其他人的一般期待来调整自己行为的过程。从社会互动角度来说，每个社会都塑造成员的行为来使得他们符合社会角色承担的标准，当人们感觉到自己想做的正是社会期待的，这期待也最好地满足了社会的利益和要求时，社会化才能有效运作和发展。从文化的角度来看，一方面，对个人来说，社会化是指社会新成员的文化习得；另一方面，对社会来说，社会化是保持社会文化传承和社会生活延续的过程和功能。

社会化具有强制性，但人的能动性在于，通过教化和实践，人们不断发展和创造文化。社会化将伴随人的整个一生。

就当时的我来看，这个过程实际上就是社会化的过程，是趋向于对本身社会角色的认同和适应的过程，也是人格塑造的过程。但顺从多、反思少的社会化是充满压抑而缺少创造力的，因此，如果回过头来审视当时的自己，虽然看起来自己在很多问题的认识上愈来愈清晰，但难道这不是一种对自我社会角色的屈服过程吗？因此，从另一个角度来说，如果在人们的社会化环境（诸如家庭、学校、社区）中缺乏反思精神的培育，那么，浸染其中的社会成员难道不是一种单向的“被规训”吗？难道不是一种越来越屈服于社会角色而丧失自我的过程吗？

我的日记

1986年10月15日　星期四

我内心偶尔仍然会有情感涌动，喜欢上某个女生。

我很犹疑，不知自己现在是否有权利、有资格去考虑

"婚姻大事"。"我刚刚静下心来看了几天书，还看得很不好，有那么多书等着我去看，我在社会上还没有自己的地位，我的理想连个影子都没有，我……"我这样对朱钧说。

朱钧反驳说："恩格斯说过：'两性相爱是生活中不可缺少的一部分。'当然，你可以说等五年后学业成了，等有个正式工作了，等有点成绩了再考虑是更有意义的，但你能保证那时就能找到你要找的人了吗？你有什么理由错过任何一个机会呢？我们任何一个人都有权利、有资格！"

即便如此，我还是拿不定主意。况且我现在，最起码在现在，的确没有一点时间和精力去考虑这种事了。

理解青春期的关键词：退缩

我其实仍然是在以事业为借口，回避多次失败的挫败感，以及与异性交往的怯懦。但是，处于那个年龄，想让自己不对异性动感情几乎是件不可能的事情。

失败的经历会让我们产生退缩的心理。**人都有逃避痛苦的本能，屡战屡败中形成的失败体验会深深地扎根在一个人心里，就像高考的屡次失败一样，恋爱的多次受挫，会严重影响人的自信心。此时，**面对一个把握不大的机会，采取退缩的防御机制，是对自己最好的保护。

不要谴责退缩者懦弱，因为他们之前受过太多的伤。我们要做的，不仅仅是鼓励他们，更多的是要赞美与肯定他

们的价值，帮助他们重塑信心。

我的日记

1986 年 10 月 18 日　星期四

朱钧说，他希望王琴不慎出交通事故，成了残废。他说这样是为了使自己更有权利去追求她。我说，我对静也有过类似的想法，我是为了更体现我爱得深沉与真挚。

我们争论谁的说法更真实，谁更高尚，无休无止。

理解青春期的关键词：崇高感

当我们被拒绝的时候，我们有时候会妄想或者期待一些事情的发生，从而让我们有成功的机会。

这种感觉源于被拒绝的失落。被拒绝的我们感到被人瞬间否定了自己的价值。但我们心里清楚，有些现实是很无奈的，我们无力改变什么。于是，我们就会从内心构建出一些假象和期待，希望上天能给自己机会来展示自己的与众不同，来体现和证明自己的崇高。

人都有追求崇高的欲望，这是一种类似于自我价值实现的最高级别的心理需求，但它又是虚幻的。它让我们的心灵得到片刻的宽慰，它源于我们的无力和无助。但基本上，假使一旦“梦想成真”，我们通常会更加手足无措，甚至会陷入无法如预料的那样妥善处理的深深歉疚中。

我得不到TA，想要毁灭TA

恋爱一定要男强女弱吗？

男女间有没有单纯的友谊？

我该如何选择恋人？

意外怀孕怎么办？

第六章

在交际中真诚地表达自己

双重性道德标准，般配，目标，一见钟情，合理化之“酸葡萄”效应，同性性游戏，独立，外貌吸引，追求……

走过太多的弯路，我开始渐入正轨；19 岁生日的前一天，我开始了全新的感情生活；文学社里的激情与爱情；我的极度敏感造成了误解，错失了爱情；我和内心爱慕的女孩子渐成朋友，和朋友成了恋人……

我的日记

1987 年 2 月 12 日

朱钧过年这些天去过两次孔铭家，第一次是年前去帮他收拾屋子，回来的路上碰上了王琴，装没看见。

第二次是初五，王琴和她姐姐去了，碰上朱钧，打了招呼，寒暄后就走了。朱钧浑身不自在。

朱钧又从一个同学那儿得知，王琴给 W 中的另一个考上了大学的很怪的男生写了封类似求爱的含蓄的信，甚至寄了她和另一女生的合影。这个男生在班里很不得人缘，神神道道的，他还死看不上王琴。

朱钧对我说："我终于明白王琴是什么人了。"

又据孔铭告诉朱钧，王琴现在"开放"得很，谁找都可以一起去玩，孔铭还和她看过两次电影呢。朱钧终于明白点儿了。

春节（初四）和朱钧一起去孔铭家，最可笑的却是，××× 几次劝他将王琴强奸，朱钧不同意，理由仅是："看她在我怀里挣扎就会心软。”

理解青春期的关键词：双重性道德标准

以当时的眼光看，如果一个女孩子同男性出去看电影，便算得上“放荡”了，被讥讽为“开放得很”。在男性对女性保持这样的性观念的同时，自己满脑子却是色情的想法，甚至想到强奸，且没有觉得自己有什么不好。男人的强奸建议体现着男性霸权心理，在性禁欲文化下更得到了催生。直到今天，针对男性和女性不同的性道德标准仍然普遍存在。“男人可以三妻四妾，女人必须三从四德”的旧观念仍然有其市场。这种双重价值观体现着男性把女性视为男人的性对象，而不是性的主体这一错误观念。

贞操观念，性的价值观念，完全是社会教给我们的。多年之后，我才开始反思这一切，一点点去掉头脑中这些陈腐的东西，转而成为一个积极倡导性权利的性学家。

给青春期同学的话：我得不到TA，想要毁灭TA

喜欢一个人，TA却不喜欢你，甚至伤了你的心。有时你会冲动地想：我得不到，别人也别想得到；TA伤害了我，我就毁灭TA。

如果你真这样做了，只能说明：你不是真的爱TA，

TA 拒绝你是对的。你也不可能因此得到 TA，而只会让 TA 离你更远，也会触犯法律甚至把自己亲手毁掉。

有一个《男孩与玫瑰》的故事。春天的花园里，一个男孩在忙碌着：松土，浇水，施肥，剪枝，捉虫，锄草……另一个男孩路过花园问他：你在忙什么？一起去踢球吧。他说：我在种玫瑰，没空去踢球。一天天过去，玫瑰长出了花蕾。男孩每天更精心地照看，汗水一滴滴掉在土里。太阳大的时候，他会为玫瑰挡上防晒网。终于，玫瑰开出了美丽的花。爱踢球的男孩路过花园时，看到了美丽的花，他高兴地向种花男孩请求：给我一朵吧！我要把它插在花瓶里。种花的男孩说：不，剪下来花会疼的。晚上，趁着花园没人，踢球的男孩偷偷剪了一枝玫瑰，放在花瓶里。过了几天，玫瑰枯萎了，他把花扔进了垃圾桶。

看完故事，你觉得谁是真的爱玫瑰？

爱，是接纳对方的优点缺点，愿意为对方付出，让对方更美好，自己也享受奉献的过程。至少，不会去伤害对方。

我的日记

1987 年 1 月 25 日

昨天舅妈说我："你将来可不好找对象。首先得谈得来，有共同语言吧，可像你一套一套哪个女孩子懂呀，人家就想老实过日子。"这之前我向她大谈了一通教改必要和政改前景，以及人生要如何度过。

舅妈又说："太高的人家又看不上你。"

妈妈说："你大专，就找个高中毕业的吧，要是大本的，就找个大专毕业的。"

天呀！"不在这个。"我说。

"那在哪个？"舅妈问。我没有办法一句话说清楚。

昨晚舅妈走后，妈妈侧面摸了一下我的情况。比如问夜大同学中有没有没结婚的呀，等等，还说所谓成功的婚姻只要是妻子支持干事业就得了，"总不能一块儿干吧？"我也侧面地谈了些自己的看法。

想起去年敬哲曾告诉我，有次妈妈问他："听说S中有个女同学跟刚刚不错，你了解吗？"敬哲说从头到尾他都知道，并说已经没事了，过去了。

"她仍不很放心的样子。"敬哲对我说。

我以为自己的爱情观一步步走向成熟，能以事业上的得失作为衡量标准了，这，就是成熟。

昨天舅妈讲有个女生给表弟写了封信，当然没到表弟手里，让老师发现要下了，因那女生跟另一个女生说了，而那个女生又和她妈妈说了，她妈妈便告诉了班主任，班主任找那写信的女生谈心，她交出了信。

信上倒没什么太过火的话，就是劝表弟别总和别人"瞎掺和""读好书是真格的"，又说："我挺敬佩你。"

四舅去学校时，班主任问他可曾发现表弟有什么异常表现，四舅说没有呀，就是不想念书，整天想玩。于是老师讲了这事，并说："你们可要注意呀，这个年龄！"

他们上初中二年级。妈妈说："那女孩成熟得够早呀。"

《梦的解析》《宽容》《情爱论》《基督教的起源》《社会主义商品经济问题》，我这段时间读了些这类书。

玻璃板下压上一幅字："不可一日不思考，不可一日不读书，不可一日不作文。"

四舅听我说了我那"三不可"的座右铭，他又加了一句："不可一日不吹牛。"

理解青春期的关键词：般配

在家人与我的谈话中，体现出了每个人的择偶观。所谓"共同语言""高不成低不就""大学毕业的男生找大专毕业的女生，大专毕业的男生找高中毕业的女生"这些观点，其实直到今天也是流行的。按今天的话说，那便是A男找B女，B男找C女，余下A女成了"剩女"，只不过当年"剩女"叫"大龄女青年"。

在这些符合主流社会的男女"般配"标准下，男人在任何一方面都要比女人"高"一些：学历高一些，个头高一些，年龄大一点，收入高一些，家庭背景好一些……如果不符合这一标准，主流社会便认为是不"般配"的。"般配"是由社会性别角色建构出来的，背后体现着男人在两性关系中要处于主导、支配的地位。而从社会性别平等的角度看，一种性别的人在任何方面都要比另一种性别的人“高”出一块，是最大的不般配。

给青春期同学的话：恋爱一定要男强女弱吗？

为什么会有许多人认为谈恋爱一定要男强女弱呢？这恐怕是由性别刻板印象造成的。社会性别是后天构建出来的，比如男人、女人应该穿什么衣服；男人应该阳刚，女人应该阴柔；再比如男尊女卑，婚姻里男人就该比女人强；等等。这些由于文化习俗造成的性别差异和观念，就被称为性别刻板印象。随着我们的成长过程，性别刻板印象自然就渗透到我们的头脑中，影响着我们的三观。盲目按着性别刻板印象要求自己、要求他人，就会伤害到自己，也会伤害到你和他人的关系。

当今社会发展趋势是性别平等，我们不必按性别刻板印象生活，而是要活出真实的自我。

恋爱是发生在两个人之间的事，两个人在一起是不是觉得舒服和开心快乐很重要，和谁强谁弱没关系。两个人走到一起后，如果在一起相处状态好，彼此又很在意，就要珍惜；如果是因为大家的议论，就影响了你们的正常交往，或者因为你的自卑破坏了你们的相处状态就太可惜了。你越是担心配不上她，越需要在这份爱中，激发自己更多向上的力量。

新西兰女总理杰辛达·阿德恩第一个孩子出生后就是由丈夫全职带娃；历史上的杨门女将穆桂英，就是女比男强的典范。古今中外，女强男弱的幸福夫妻比比皆是。

总之，女方各方面比男方强，和恋爱稳固与否没有关系。男生不必自卑，也不必听别人的议论。恋爱不是竞赛，每个人都是平等的，每个人都是值得被尊重的。不能以成绩、才艺、金钱、相貌等来决定两人的关系与地位。强者不应该瞧不起弱者，弱者也不必自卑。议论别人是没修养的表现，自己的感觉才重要！

我的日记

1987 年 3 月 7 日

起笔名方子。有孔子，有孟子，为什么不能有方子！

“再见吧！思想家。”厉东江笑道。厉东江是我夜大的同学，聊成了好友。

1987 年 4 月 2 日　星期四

夜大写作课老师讲我写作水平很高，比本科生还强。比本科生强？哈！这算什么！我要的是比刘心武强！

理解青春期的关键词：目标

少年意气风发，何其可贵！如果一个人没有在 20 岁的时候发下狂想，立下狂誓，便不失为一种遗憾。年轻，就是用来狂妄的。

有勇气想便是好的，年轻最大的优势便是敢于质疑、敢于挑战一切，什么都敢想。当我们不再能够发此狂想的时候，我们的创造力也就弱了。

人通常在35岁左右，可以看到自己生命的上限。我也不例外。我那时总结出自己人生的一句格言："一个人追求的目标越高，达到的境界也就越高。"如果我不曾发下成为"方子"的宏誓，不曾立志被写进精装的人类史，也许我连现在的成绩也没有呢。

看似不断纠结的青春，走了太多弯路，但仍然在可以控制的轨道上。人就是这样成长的：在立志、学习、交友、爱情等多层次的生命体验中，痛苦着、彷徨着、犹豫着、迟疑着、焦虑着……

我们在成长过程中总会感到自己不断成熟，虽然若干年后回首，这种所谓的成熟其实也是相当幼稚的，但至少也说明了自己的进步。虽然我曾经一度认为这种进步太慢了，但现在看来，"跬步"恰恰需厚积。

前面已经说过，个体成长的过程是一个人社会化的过程，社会文化建构了社会人的角色。但人类世界之所以精彩，正是因为我们每个人都如此不同，在我们自己的生命历程中，我们不但是被建构者，也是社会文化的建构者，更是自我建构者。

人们对于社会文化的屈服是相对的、策略的、部分的、有变化的。个体的体验也非常重要，就好像我们不能把任何事情都归责于社会一样。纵观我这几年的成长，虽然有太多的失败和曲折，但就“写作”——这一我从小就确立的人生目标而言，我从来没有放弃过，应和着我的主体经验、自我探索，我的人格和命运始终还是由我自己书写的。个体自身的主体作用，从来就不能在社会化过程中被忽视。

青少年的成长，本身就是一部由自己写作的书，走几步所谓的“弯路”没什么关系，只要一开始的目标从未被放弃，所有的混沌就都是人生丰富的体验，它们也终有一天会成为生命中不可忽视的能量显现出来。

所以，年轻人不妨把目标定得高高的。

我的日记

1987 年 4 月 9 日　星期四

今天第一次参加“春草文学社”的活动。

1987 年 4 月 21 日

文学社的活动蛮有吸引力的。上周四，即四月十六日，朱钧、厉东江也都去了。分组讨论时就看我了。出够了风头，也颇得罪了些人。可谓做到恣情纵性、遗世忘俗了。

风子，十九岁，待业青年。外表看颇为清纯、直爽、开朗、不俗气，文章虽还是学生腔，但可看出其人有朝气，没受什么世俗污染。

“这些年来，我接触的女子中，也就是她最合适了。”我对厉东江说。

“我失望多次了，这次不能再失望了，再失望就要绝望了。”我对朱钧说。

“你表露得太快、太明显了，刚认识两个礼拜，不能这样。”厉说。

“你就去大胆追求她，热情些，再热情些。”朱钧说。

1987年4月24日

补记一些事情。

风子第一次来文学社参加活动，到得颇晚，社长已在讲话了。她推门进来，什么也没说，既没像先头另一个迟到者那样问一问：“这是春草文学社吗？”也没像我们头次去那样敲了敲门。她进来了，左右看了看，便自己找个空位子坐下了，坐下后便泰然自若地掏出一方小手帕拿在手里扇着风。这一切都让我觉得她实在不寻常。

到分组讨论了，我在第二组，她在第四组。第四组算她才来了两个人。于是，二、四小组合并了。大家围坐成一圈，她坐我正对面。我看她，她也正一扬头看我。我们的目光对视了，她便低下了头。我念了《法哥》。大家都多多少少提了些意见，她只是听着、看着、点着头，一句话也没说。

第二次活动，朱钧也去了，厉东江也去了。我告诉朱钧："我对风子挺感兴趣。"讨论时，我充分表现了自己。我对别人的稿子毫不留情，我对别人也毫不留情，我对她也毫不留情。厉东江说："你让许多人都很尴尬，你要总这样，用不了多久咱就有好戏看了。"

我吹牛，开着玩笑，大家都捧腹大笑。风子拿出两份稿：一首诗，一篇散文。

"你有小说吗？下次带来看看。"我说。

"我的小说都是片段。"

"怎么，想搞连载？"

"哈。"

"她是个单纯的女孩子，没受什么世俗的污染。"我对朱钧说。

我当天晚上在床上折腾了两个小时没睡着，我吹牛吹得太兴奋了。第二天我又折腾了两个小时，为了风子。我完全沉醉在幻想中了。

"她对我印象怎样？"我问朱钧。

"可以。就是你提意见留点情面，别伤别人的自尊心。"他说。

我在幻想中和她拥抱，幻想中和她相亲相爱，幻想中一起走完人生的旅途。我爱她，一日酷似一日了。我准备了许多话要在昨天对她说，一来显示我的才华横溢，二来表示我的倾慕之情。

昨天是文学社的又一次活动，原定晚上六点半开始，我六点刚过就到了。她竟先我到了。

“你的连载带来了吗？”我笑问。

“你想看是吗？”她颇严肃。

我说是的，便看了。几次找机会和她说话，找机会要大谈特谈她的稿子，谈文学，谈艺术家的气质。但，往往是我刚开了个头，便说不下去了。因为，她的表情告诉我：“别吹了！”她好严肃。

我看她的稿子，惊奇于她怎么会写出上次那样两篇荒唐文。此时手中稿件的文笔何等细腻，抒情何等流畅，只有女性之手方能写出这样的文字！我看她，她好严肃的样子在看我的稿子，颇认真地挑着错误，把一个并不是错处的地方算作错处告诉我。我和她说话，她竟不看我。我忽然感觉自己好孤独，感觉自己在做一场梦。

看过她的“连载”，似懂非懂，像个爱情故事，《未干的水迹》。厉东江要去看，她说：“我不给第三个人看了。”

这时，她递给我一个四四方方的软皮本：“想看看这个么？”

我说：“当然。”

刚看了几行，便知又是个爱情故事。

“我先问了一下，这是小说呢，还是自传？”我笑问。

她说：“我不想说。随你怎么理解，你说是小说就是小说，你说是自传就是自传。”

好厚，三十多面，一两万字，我又问：“写完了吗？”

“没有，要一直写下去。”

我竟还不懂。

“你能先告诉我大致情节吗？”

“我也不知道，一切看发展。”神秘得很，我“朦朦胧胧”了。

后来，我终于看了。看了几页，我便放不下了。这，只能是自传！她在文中，写了她自己的几次爱情经历，写如何苦苦追求一个男同学，那人又如何只愿做她的哥哥。她如何超凡脱俗。她的未来的理想伴侣是一个事业心强、才华横溢、老成持重的男子汉（我显然不老成持重）。

重要的是，她还在追求着他……

忽然，我对她给我看这文章的目的一下子晓然了！她“只给一人看”！她给我看这种东西！她对我态度的变化！我瞬间好像全懂了。

她是个才华横溢的人，读了许多书，作了许多文，酷爱文学，视若生命。

这时，她正和逸文（我组的组长）打赌，看自己是否会被社会同化。又转到我身上，说我像琼瑶《在水一方》中的卢有杰。

“我一听她说你是卢有杰，我就知这事够玄。卢有杰不是什么好形象。”厉东江后来和我讲。

卢有杰是个文学青年，狂妄得很，整天喊着要拿诺贝尔文学奖，却什么也写不出来。

“我不得不佩服风子女士的眼力，短短一两次，就把你看透了。”厉说。

“去你的！卢有杰万岁！”

“你不成熟！你太冲动了！我原来认为你可以谈恋爱，是因为我觉得你的心理年龄已远远超过你的实际年龄，现在看来，你还不稳定！克制一下自己吧！”厉说。

完了，一切都完了。再次失望了。

“空谷无足音，难言惆怅，心头压千钧。”我想起了自己去年苦恼时作的一首“词”。

我的冲动，是无法用语言形容的。晚上，我睡去了，本以为会梦见点什么，却只梦见了太阳。

可悲的是，方子如此风度翩翩，如此才华横溢，竟总是失恋！或说竟从未真正恋爱过！

可悲呀，可悲！

今天写得太多了，方子上床睡觉去了。但愿梦见狮子。

理解青春期的关键词：一见钟情

4月9日第一次参加文学社活动那天，是我第一次见到风子。仅仅是看了一眼，我便立即被震撼了。这便是所谓的一见钟情。

一见钟情，心理学上又称为“首因效应”，讲的是与一个人首次见面的第一印象对于我们对他的评判起重要作用。熟识后我曾对风子提及她第一天进文学社的表现，风子说：“你的眼睛亮亮地盯着我，我感到一种压力，只能低下头。”至于她进入房间时的“特立独行”，仅仅是因为她那天很早便到了，见无人便去办其他事了，而不像在我的想象中是一种极为特殊的性格决定的举动。可见，情人眼里出西施，随之而来的“晕轮效应”让对方的一举一动都被我们赋予很多特殊的意义。

一见钟情或者被视为浪漫，或者被看作不成熟，其实是要因人而异的。两个人第一次见面便因为对方的谈吐、气质、外貌而喜欢上对方，不仅可能是因为对方符合自己的阿尼玛或阿尼姆斯情结，还可能是因为，一个人的人生经历、世界观、价值观等其实都是表现在谈吐、气质和外貌上的。

我的日记

1987 年 4 月 26 日

她很可敬，但她的婚恋是不会幸福的。

小溪，她不屑一顾；大江、大河，她不会满足；她向往的是大海，但大海不会包容她；她只有嫁给大洋才会幸福，但世界上只有四个大洋。

她自己是一条河，一条时刻想变成大海的河，一条河水时刻可能冲出河床的大河。

我，是一条刚刚从小溪中走出的河，我可能会变成大海，却永远不会变成大洋。

我，需要一条河，一条大河，但，这只能是在我成为海的情况下。否则，我就需要一条崇拜我的河。

我们是不合适的。

她开朗，过于开朗，喜欢结交朋友，包括异性朋友，她对他们每个人都很亲热、随便；我，自私、狭隘、好嫉妒、多疑、占有欲极强；我们结合，只有悲剧。

她有个性、有主见、有思想、自尊心强、不甘心做月亮，要做太阳；我也要做太阳，我需要月亮，我需要卫星。

我们，不合适。

理解青春期的关键词：合理化之“酸葡萄”效应

因为失恋，所以便找出种种理由劝慰自己，告诉自己与她是如何不合适，以便能够减轻一些得不到她的痛苦，这正透露出我内心深处的眷恋。

“酸葡萄”机制和前面提到的“甜柠檬”机制一样，都是合理化的心理防御机制中的一种。所不同的是，酸葡萄是将得不到的想象成不好的，而甜柠檬是试图说服别人自己得到的是最好的。**相比之下，酸葡萄的退缩要比甜柠檬**

更甚。那是因为，我经历了过多的失败，面对自己喜欢的、在乎的异性，实在缺少追求的勇气了。

合理化的心理防御机制并不是退缩和懦弱的表现，它只是出于人免受伤害的本能而产生的应对。人们说，长大了，便不再勇敢。那是因为，岁月在我们身上镌刻的痕迹带给我们伤害，也带给我们自我保护的本事。

我的日记

1987 年 5 月 18 日　周一

今早还没醒，便有人推门而入，我蒙胧中感觉是派出所民警来了，而这家伙竟上来掀我的被子。

“朱钧！”我高兴得差点跳起来。他作为新警到杨村集训，去了很久。睡觉前我还想着周二再接不到他的信，就去他家问问情况，一觉醒来，他却已出现在我的面前，就立在我的床头。他坐下来，我高兴得连踢了他几脚，还觉得不过瘾，心里想，人家外国的那种拥抱礼节是太好不过了。

可惜，他周五就得返回杨村，而这几天里他却需要去许多家点头，所以我们见面的次数最多不过三次。遗憾，遗憾！讲了些他们那儿的情况。略记一些，以备创作之素材。

五十人一间的大房，上下床，九点半熄灯，六点起床。起床后跑步、练操、吃早点、上课（政治教育）、午饭、上课（或练操）、晚饭。晚饭后每周学习两次，娱乐三次（打球、联欢等），另两天准许打牌。因为打牌时三个一群，五个一堆，似乎很不成样子，所以要加以限制。

饭食相当令人难堪，规定是早三两，午、晚各五两，然而分量总是不够。一次吃馅饼，吃完不够，问班长："我怎么和没吃一样？"班长说："这最多三两。"早点常是稀饭、馒头、咸菜。一般来讲午饭还可以。新民警们一个个饿得不得了，规定吃饭时可以自己再带东西，来时不许吃。一人吃了，挨斗。大家晚上熄灯后躺到床上偷偷吃饼干。玩牌不玩赢香烟的了，而是玩赢饼干的。

熄灯后，大家开着最淫乱的玩笑，并很时髦扒裤子。几个人商量好了，冲上去，按在床上，扒个精光，乱打一气，使久压的欲火得以发泄。

卫生班有十几个女战士，吃晚饭时从他们的队伍前经过，有人悄声说："Kiss们来了！"于是相当齐地，所有的脑袋"哗"的一下子转了过去。队长喊道："浑蛋！不许看！""哗"的一下，所有的脑袋又都转了回来。

每当有人来信，大家抢着看，偷着看，所关心的无非是不是女朋友来的信。有个人每隔一两天就收到一封信，显然是女朋友寄来的。

理解青春期的关键词：同性性游戏

扒裤子实际上是一种性游戏。在第三章里，有一则异性间性游戏的例子，这里则是同性间的性游戏。在一个单性别的群体中，性的压抑甚至无法通过与异性的普通交往来疏散，对于异性的关注便显出格外的强度，也便出现了通过同性来释放性欲求的游戏。性游戏表达着当事人对性的欲求，缓解着性压力，而不一定是对游戏参与者的欲求。

我读初中一年级的时候，放学回家的路上便会看到有男生于光天化日之下突然从后面扒下某男生的裤子，招惹周围学生的大笑。后来，这种行为一度在男生间被很公开地谈论，说明大家都没有觉得这是一件犯禁的事情。可以肯定的是，这仅仅是青春期对性的好奇与探索。表面上是针对男生的，实质上都是针对女生的，是用男同学来代替无法靠近的女同学。

许多人都容易将青春期初期男孩子间这种普遍的性游戏归于同性恋，这是一种误识。今天几乎所有的心理学家与性学家均承认，随着那段最模糊与最骚动的岁月的结束，绝大多数的男孩子都会很自然地终止这种游戏，不会“导致”同性恋。

当然，对方非常反感，仍然要强行和他玩“性游戏”，就可能涉嫌欺凌了。

我的日记

1987 年 6 月 7 日　星期天

母亲换房成功，我独占十七平米独厨！离母亲的住处只有 15 分钟的路程。

实现了独自一人生活、走出家庭的梦想。

理解青春期的关键词：独立

独立居住的梦想可谓久矣。进入青春期后我们通常会有的一个渴望：离开家庭，独自一人生活。这是每个人心理成长过程中都要经历的阶段。这就和初生时的剪断脐带，幼儿时的离乳一样，是人格走向独立的必然经历。在这个过程中，离别的焦虑、孤独的寂寞和自由的畅快、重逢的喜悦一起，成为初试人生的重要体验。最重要的是学习，学会脱离、独处，摆脱依赖。对于今天的独生子女来说，要离开温暖的家庭怀抱更加不容易，虽然内心的这份独立向往是如此强烈，但不知多少敢放手的父母愿意尝试放下这份担心，让孩子去尝试打理自己的生活，去真正升锚、起航。

到了一定年龄，我们又渴望回到母亲身边，享受那种平淡、怡静与安详。在我成长的过程中，我的母亲一直在旁边默默地注视着我，关怀着我，以她有限的能力帮助着我。当我们寻找爱的时候，其实背后一直有这样强大的爱，这使我们的健康成长成为可能。

我的日记

1987 年 6 月 22 日

早晨起来，愣愣的，回忆我的梦。

我见到了风子，把写好的长信交给了她。第二天又奇怪地和她相遇了，她拿个篮子去买菜，我便跟着她。她对我说，我的要求她是永远不可能答应的。

我还在跟着她。

她说："这样吧，明天晚上咱俩在公园见，我和你深入地谈谈，保证让你心悦诚服。"

我听到有机会和她单独长谈，高兴得很，说："还不见得谁让谁心悦诚服呢。"

这时我去看她，发现她竟极丑，小个子，大屁股，眼睛小小的一条缝，单眼皮，我心里便很有些不舒服，一翻身，醒了。

初醒时还想呢：丑点儿有什么！我们有共同的追求，她心灵美！但毕竟不很痛快。爱美是人的天性嘛！到三五秒钟后完全醒了，才明白那是假的，风子的相貌其实是极漂亮的，清纯飘逸。我心里便十分舒服了。

理解青春期的关键词：外貌吸引

"心灵美"是那时的时尚词，20 世纪 80 年代初政府开始提倡“五讲四美三热爱”，其中“四美”是：心灵美，语言美，行为美，思想美。所以那时鼓励找对象要找心灵美，而不是外表美的。报刊上亦热烈讨论过，“心灵美重要还是外表美重要”这种在今天看来是“小儿科”问题。

我自己那时的观念是颇为主流的，而且认为自己既然要当“伟人”，就应该不断提高道德修养，就应该接受报刊上提倡的“正确”观念，但是内心又实在喜欢美女，便存有一份矛盾的自我，此时通过这个梦境，通过对风子的爱情而表现出来了。因为在我的感觉中她是极美的，于是怀疑这种基于美貌基础的爱情是否是真挚的爱情，为了让自己信服于对风子的爱确实是真挚的爱情，潜意识中便排演了这个梦境。

我的梦是我对风子的情感的强化，我通过梦来贬低她的外貌，再强调“心灵美”的过程，是我在内心强化自己对她的爱情绝不是表面的，一方面迎合了自我内心对“崇高感”的向往，另一方面再次给予了自己“爱她”的心理暗示。虽然我分明知道，她的外表也是吸引我的重要因素，但我内心不愿意承认，进而言之，是不愿意承认我对她是有“性欲”的。性欲是非常正常的，但在我当时的意识中，是无论如何也不敢对自己喜欢的女人表达这种欲望的，认为那是对心爱的女孩子的“大不敬”，因为这种欲望是与“不纯洁”紧密相连的。

我的日记

1987年7月9日

特意早去“春草”，见风子，约去北戴河。她推托，并讲：“我上次写的那个东西有结尾了，是个悲喜交加的结尾。”

我明白了她的意思。

头脑飞速旋转，想对策。

风子找我借书。

“我明天给你送去如何？”

“好，你认识我家吗？”

“一会儿一块走。”

散社后。

“北戴河的事你再考虑一下，去了，大家都是朋友。你懂我的意思吧？大家都是朋友……”

“好吧，我再考虑一下。”

理解青春期的关键词：追求

我当时对那个“悲喜交加的结尾”的理解，就是风子已经与所爱的人明确了恋爱关系，并且开始了恋爱。20世纪80年代主流的婚恋观念是，如果你所爱的人已经另有所爱，你便不应该再去追求了。但今天我在大学讲爱情的时候，会告诉学生们：即使对方有恋人了，你也有追求的权利，因为也许你们更合适，但追求不等于纠缠，对方明确拒绝后，你就应该罢手。

爱情可能有三种组合。第一种，彼此相爱，这当然最好；第二种，爱对方，但对方不爱你；第三种，对方爱你，但你不爱对方。在后两种之中，多数人会认为第三种比第二种更好，少许多痛苦。但其实，无论第二种还是第三种，纠缠下去都不好了。对方不爱你，但你一直不放弃；或者你不爱对方，但对方没完没了地纠缠你，最终都会让大家很受伤。所以，爱的艺术，是对度的把握艺术。

当年，我的感觉是极度的失意。我之所以强调“去了大家都是朋友”，是因为当时觉得风子之所以不去是为了回避我的追求。

我的日记

1987 年 7 月 13 日　周一

今天去北戴河的人集体出发。

一早 2：00 多睡，4：30 起，睡不着了。5：40 到西站。吃鸡丝面，一块五，稀汤稀水，两条鸡丝，没吃饱。

集合后，女同学文焕见我说：“方刚，你总写，有生活吗？”

厉东江告诉我在北戴河要树立威信，威信没树立，威胁先开始了。

1987年7月14日 周二

早晨起来坐旅游车去游山海关等四处，坐在文焕身边。

开始谈心。她身上有一种奇妙的、新鲜的东西吸引着我，像风子一样。

谈自己，谈初恋，谈小说。

谈到山海关，谈到燕塞湖，谈到贞女祠，谈到老龙头。

她也开始谈自己。

“没想到会和你谈这么多，但涉及面还很小。”她说。

然而，我却颇满意了。

我谈自己的恋爱态度，也谈了风子。

我以为是好朋友了。

晚上，去海滨。一个人先溜走了，坐在沙滩上想心事。他们的到来扰了我的沉思。

有人问：“方刚，有什么感受？”

“丑，太丑了。海。”我说。

1987年7月15日 周三

晚上要搞篝火晚会，通宵不睡。上午自由活动，下午去鸽子窝，让文焕照相。

“我一个人呀……”

“咱俩一块照！”

“哈，你胆子够大呀！”

照了！

又是朋友！

理解青春期的关键词：坦然

当年约女孩子一起照相，会被普遍看作是一件极具暧昧色彩的事情。今天非情侣关系的男女合影也流行勾肩搭背故作亲昵状了，但这样的照片出现在十年之前，绝对会成为“第三者”的铁证。

约文焕一起照相，不是我“胆大”，而是我心底无私，绝不会想到和她有亲密关系，所以合影时只是顺嘴说出，未做任何想法。

人们在遇到令自己心动的人时，往往显得手足无措，那是因为他想极力掩饰自己的紧张，想极力表现自己的美好印象；而面对一个并无企图的人，反而会表现得自然，那是因为我们知道无需进行任何文饰。恰恰是这种坦然给予了我们进一步自然表达和彼此理解的机会。

对于相亲中的女孩子们，我需要告诫的是，看到一个在你面前笨手笨脚的男生，千万别以为他真的笨，他是被你吸引了，他紧张；而看到一个潇洒自如的男生，也千万别觉得他就是风度翩翩，其实人家可能压根没在乎你，或者，他是一个善于交际的高手。

我的日记

1987年7月16日　周四

奇特的队伍，奇特的打扮。

披毛巾被的，裙子里穿着裤子的。

我们，一行六人，吃了最后一顿早餐，去火车站。

火车上，还在和文焕谈。

“和你无话不谈，太痛快了！”她说。

更多的讲她自己。“说这些太耽误你时间了，你一定不愿意听。”

你自命为了解我，却不懂得，别人愿意和我谈话本身就是对我的最大尊重，以我这样一个可怜的人怎会拒绝呢？

你劝我安心读书，不要搞什么文学社呀，沙友呀，“跟他们瞎闹什么，那不是傻瓜蛋吗！”

你帮我观察人，火车上，我们对周围的几个陌生人逐一进行了分析。

你读了太多的书，让我惊奇，你是我所遇到的人里读书最多的人，而更妙的是，你还不是所谓的“文学青年”。你有很高的文艺修养。

分手时，我说：“谢谢。”

“互相吧。”你说。

晚上去“春草”。

“风子，你过来！”我叫过风子，坐在我身边，讲北戴河，讲文焕。

我太兴奋了，要和她找机会长谈、深谈，和文焕能做到的，和风子为什么做不到。

她说她太忙，每天要做家务、学琴、学画，还要和同学们一起出去玩。

“借口！”我说。

“随你怎么想。”她说。

我把刚学来的文焕的口头禅用上了：“你这人真没味儿。”

“现在知道了吧？！”她说。

哎，这是干什么呀！

散社后骑车到海河边。

“我只能谈到十点。”

“你要当作负担就别谈。”

“不谈可以呀。你以为别人都像你一样方便呀！”

她说的话颇伤我自尊心。

我还是谈了很多，讲她比我成熟，我尊敬她。她似乎挺惊诧。“人的第一印象很重要，你给我的第一印象就是你压着我。”她说。

1987年7月19日　周日

文焕按约来家小坐。

“我一向以为交个朋友挺困难的，也挺谨慎的，没想到交你这个朋友这么容易。”她说。

“你是我交到的第一个异性朋友。”又说。

我对她讲我在北戴河四天的所思所想，我的伟大和渺小，相当坦率。

今天，再对她讲我的初恋，讲得很细。

“哎呀，没看出你这样重感情，比女孩子还多情呢。”

讲我的少年。到初三了还遭人羞辱，别人打我，连头都不敢抬；三岁丧父，得到的爱太少，太少。

听了我的经历，她理解了我在北戴河那种近乎变态的神经质的心理状态，也理解了我对爱情、对人生的看法和追求。

她曾对我说：“做个学友！”

啊，岂止是“学友”！我的老师、挚友！

人生，是多色的。

理解青春期的关键词：照顾者

多年后文焕对我讲，她之所以注意到我是从我表现出神经质开始的。夜大里，我的作文常被老师作为范文在课上念，她都未曾去看一看方刚是谁，而当我表现得很神经质时，她便想：“这个人多需要帮助呀。”此后，当我一次次表现出神经质时，并且和她谈自己不幸的幼年经历时，她便又想：“这个人需要帮助。”而她乐于帮助。于是，友谊与爱情便这样一点一点开始了。

有的心理分析学家会说，女性这种帮助男性的愿望，是一种“本性”，是与母爱这一情感联系在一起的。但是，以我现在性别学者的视角，会认为这种“照顾者”的角色，恰恰是传统社会性别文化在心理层面对女性的建构。女人并非天生就具有母性情怀，而是被建构出来的。如果说“天生”，那男人“天生”还应该有“父性情怀”呢，为什么他们就“天生”成了被照顾者呢？

一个理想的亲密关系应该是：互为“照顾者”。

我的日记

1987年7月23日

风子说：“我没兴趣。”

我说：“那就算了罢。”

我好伤心。

我还是爱你呀！

算了吧，没什么了不起！

我等了一个礼拜，这就是你对我的回答：“我对谈话没兴趣。”

干什么这样欺辱我呀！

算了吧，从今不谈什么爱情。

文焕也去文学社了，散社后我对她谈了，她爱莫能助呀！

厉东江做得不像个朋友，只说：“怎么样，我猜对了吧？！”我是何等的痛苦呀，你却在我的伤口上撒盐。

没什么了不起，忘记吧，忘记吧！

那么多书等着你去看呀！

我说过“那就算了吧”，便离开你坐到别处去了。

你过了一会儿又问我：“方刚，你下礼拜还来吧？”

我说过只是为你才来。

我说：“看我有时间没时间了。”我当时心里挺气愤，说得挺冲。

过后想，也许你要对我说什么。也许。

你不是爱听漂亮活吗？！

我不是说了你几句，你就心存芥蒂吗！

你不是看谁对你最有“礼貌”，你就最喜欢谁吗！

风子呀，风子，二十年后再相见，看谁英雄！

文焕说：“你要是发表两篇东西，风子就会换个态度！”

我不希望爱情产生在这种基础上！

它应该产生在对我灵魂的倾慕上！

风子！

理解青春期的关键词：甜言蜜语

当年的我太不会说情话了。

相爱的人互诉衷情的话是情话，单恋的人对自己所爱之人示爱的话也是情话。情话最大的特点便应该是甜言蜜语。即使说者和听者都不相信的那些过于“肉麻”的话，也是能够打动芳心的。

但是，“甜言蜜语”在当时是贬义词。当年主流传媒也曾很热烈地讨论过一对恋人是否应该“甜言蜜语”的话题，这里姑且引用当时一位专家的文字：“陈旧、庸俗的讨好手段不但掩盖了你真实的性格，容易引起对方的误解，而且也玷污了双方的感情，对正派的姑娘来说也是个侮辱，她会感到你小看了她。在恋爱的时候，无论你本身性格如何，都要用你自己的而不是模仿的方式去对待你着意追求的人。”今天看来，这种讨论太小儿科了，谈恋爱原本就是不断地说甜言蜜语，甜言蜜语是情感的自发流露，没有甜言蜜语就没有爱情。

从另一个角度看，“甜言蜜语”说明说到对方心里去了，说明你了解、理解对方所想，说明你关心对方的感受。这不是爱情的基础吗？而当年我的问题恰恰是，几乎完全以自我为中心，还没有学会真正地关注对方的感受。

我的日记

1987 年 7 月 24 日

“你现在应该好好反思一下子了。”文焕这话说得真棒。我一直常对别人这么说可对自己却不会说了，真是太不该。

反思，反思，反思。

文焕说得对：“你还很小，情绪很不稳定，不能控制自己，思想波动性很大，这种时候陷到爱情中去是很不应该的，成功率也是很小的。”

我知道，我知道，我知道。

但感情和理智是两回事。两回事呀！

我软弱、太软弱了，什么事情总是拿不起来放不下的。这种样子哪能成一番大事业呀！

算了，算了，算了。

不要让大家都痛苦了。我痛苦，伊痛苦，连朋友们也为我痛苦。与风子的感情几经波澜，本来是朋友了，我却不满足，只能怪我自己。

是的，那风景的确不错。但那风景不属于我，我不配享有那风景。我终不忍心以我的痛苦去伤害了那风景。

风景呀，风景，愿你美，愿你好，愿你接受我十亿个祝福。人生哪能事事如意呀！人生哪能想得到什么就得到什么呀！

罢了，罢了！

从今以后也不再枉谈什么爱了！从今以后也不再谈自作多情了！我丑陋，我渺小，我本来就不配谈“爱”呀！这个美妙的字眼是不配我使的。

罢了！罢了！罢了！

“梦醒来黄粱米香，梅妻鹤子意清暇。可曾想富贵荣华，又何必光宗兴家。”还记得S中同学李义的诗句呢。

理解青春期的关键词：退行

对风子，本是爱，因为感觉得不到，便退而求其次——友谊。这便是社会心理学描述的人受挫折时产生的心理“退行”作用。但“退行”是手段，而非目的，所以一旦出现转机，便又要“提升”到爱的欲求。对于当时的我而言，所谓异性友谊只是在爱情受到阻力时的一种“退行”，或是将其发展到爱情的一种“基础”。这并不是说否定异性友谊存在的可能，而是要因时因人而异。我当时急渴渴地渴望一份爱情，自然无法很好地处理、维持一份异性友谊。

一个人的退行，与他的整体心理素质还是有很大关系的。

我的日记

1987年7月31日　周五

昨晚去“春草”，和风子闲谈，低水平的，彼此都觉没味儿。

“越谈越没味儿了。”我说。

“谁呀？”她问。

“大家。”我说。

“你也越来越没味儿了。”她说。

何必说这种“不见外”的话呢？这样一来岂不又有“味儿”了吗？

“今天我买了本《卡耐基人际关系手册》。”我说。

“你怎么也读这种书？”她说。

“和人交往太疲劳了。”我话音里带着疲劳。

她面前放着厚厚的一本稿子，我要看，她说：“逸文的，上次拿来过，……还看吗？……”手不由自主地按在那稿子上。

我便不再看了。只是因为原来也并不真想看，而不是因为意识到了别的什么。

后来坐在一起闲聊，无意识地随手又把稿子拿了过来，她慌了，一把夺了过去……

她意识到自己慌了，想掩饰，然而，已经来不及了，于是更慌了……

我终于意识到了点什么……

我并不感到太大的悲哀。我不是早有预感吗？我不是已经下决心只做她的广义上的朋友了吗？我不是很敬佩逸文的为人吗？我不是真心地期望她能找到理想的爱人，得到最大的幸福吗？

那么，我还有什么值得悲哀的呢？

我最多不过感到一丝的怅惘罢了。

怅惘什么？怅惘我的渺小！

和逸文比较——且不管他们到底是怎么回事——我是太渺小了。

她昨晚总是避开人群独自坐着，神情也并不泰然，我读懂了她的眼神。

八点刚过，厉东江提议去他的单位看消夏晚会，一行三人（还有文焕）便走了。

那时，逸文还没有来。他不会来的。就这一“纵”，便比我高明。

裴多菲，你是怎么说的？“姑娘，假如你已不爱我，愿上帝他祝福你”，下面不用再抄了。

愿一切善良美好的心灵都能得到善良美好的光顾。

理解青春期的关键词：错过

我的敏感、多疑、情绪化，那天表现得非常充分，而这使我又一次错过了风子。后来我得知，那天风子原计划就她的情感问题向我征求意见。当时正有一个男孩子在追求她，而她拿不准主意是否答应。而我则认为她和逸文有了进一步的关系。因为我早早地随厉东江去他的单位了，风子便未找到机会同我谈这件事。以我当时的心态，如果她那天同我谈了，我肯定会明确表达我对她的情感的，结局

便很可能是另一番样子。但那天之后，我彻底把风子当作朋友了，放弃了爱情的企图，生活中许多事情便是这样阴错阳差。

青年人初涉情场的这种交流不畅，并不罕见。这对所有人来说都是学习恋爱的过程。我现在对大学生讲：心中有爱，一定不要猜，一定要明确地说出来，说清楚。那样，即使对方拒绝了你，也是明确的，那样就死心了，就不会再留遗憾了。

给青春期同学的话：男女间有没有单纯的友谊？

男女生之间，有没有单纯的友谊，也是很多人争议的话题。

人在一定的年龄，向往异性间的友谊，以便获得情感与心理上的满足。我们通过异性朋友了解异性，学习一些在同性朋友处学不到的东西。一些女性说从异性朋友那里得到安全感，一些男性则说从女性朋友那里得到倾听、同情心，喜欢向女性朋友表述自己的内心，而不敢对男性朋友这样做。

记得报纸上一套什么测试题中有这样一道问题："当你有心事时，更愿意和同性朋友说，还是和异性朋友说？"据调查，我们有超过半数的人都是愿意去和异性朋友倾诉的，这也便说明我们为什么需要异性朋友。

事实证明，许多异性朋友是可以一直当朋友的。当然，有人说，他们能够维系朋友关系，也可能和“异性相吸”有关系。无论怎样，异性友谊都是值得珍惜的。青春期广泛的人际交往，是有利于身心健康的。

但是，确实也有由友谊开始，逐渐演化为爱情的情况。

友谊是爱情的基础，从友谊到爱情，是有个过程的，不会是鸿沟相隔的两个极端。一开始只是认识而已，在交往中逐渐熟悉，开始喜欢，就产生了友谊，然后更多的交往，强烈的吸引，发展成为爱情。但是，这不能否定前面做朋友的时候，两个人的友谊是“单纯”的。

时间在变，性质在变，不能因为有了爱情，就否定了友谊。

还有一个区分爱情和友谊的重要标准：通常，友谊是不排他的，爱情却是排他的。

友谊和爱情，只要是真诚的，都是美好的感情，都值得珍惜。

我的日记

1987 年 8 月 10 日　星期一

昨晚文焕走后，情绪许久平静不下来。夜里，多少次梦见她，她干什么、说什么是记不清的了，总之是甜蜜的。

醒来后好奇怪，但也在预料中。

她在女孩子里是少有的。

在给军军的信里提到："她把我当作朋友，当作弟弟，所以爱我，换了别的称谓，就不会爱我了。……我和她相比，永远是只软弱的小绵羊。"

但，我们沟通得又太好了。

她不会爱我的，我缺少男子汉的气魄。

可是，我梦见了她。一整夜。甜蜜的。

理解青春期的关键词：恋爱途径

每对恋人结交的途径不一样，不同的人也适合不同的途径。有人适合一见钟情式，我虽然屡次"一见钟情"，但都是单相思而已。我和文焕的感情，则是由朋友开始，在交往中自然而然成熟的。这使得爱情成为一件很自然的事情。我对她的心理与情感依恋，其实早已经开始出现了。近距离交往导致慢慢产生感情，这次与以往不同，是由熟识而渐生感情的，也许这种方式才适合当年的我。

其实，像我和文焕这样在交往中自然地接触、了解，是由友情发展到爱情的最佳途径。但是当年的青年却极少有通过这一最佳途径获得爱情的。

"介绍对象"是 20 世纪 80 年代的流行语，有些热衷于将两个陌生男女牵扯到一起谈恋爱的人被称为"月下老人"，他们享有极高的尊荣。从中也可以看出，青年男女在交往中自由、自然结交的概率太低。这与交往的渠道少有关。因为那时异性男女主要是通过“介绍人”的“介绍”开始谈恋爱的，所以80年代的婚礼中都有一个受到格外尊重的重要角色：“介绍人”。“别人介绍的”与“自由恋爱的”便成了两个不同的“层次”，后者的爱情似乎更可信赖。

到90年代末，婚恋所开始逐渐背负骂名，再也不是“月下老人”了，因为“婚托”太多了；互联网作为结交伴侣的手段一度繁荣，但很快也令人退避三舍，因为骗子太多了。但我会认为，结交的渠道并不重要，重要的是人。骗人的永远是人，而不会是互联网。所以，我会鼓励今天的青年不要拒绝任何一种结交异性的渠道。

我的日记

1987年8月29日　星期六

晚上，去厉东江家。向我敞开心扉。朋友！

谈到文焕，他鼓动我近日向她求爱。“她能帮助你走入人生。”他说。我说一两年后再说，他讲：“她等不了！”

1987年8月30日　周日

逸友一行八人，去杨柳青。找到一个好所在。树林、草地、河水。

和文焕套了套关系，两个人坐在人群外长谈了一个多小时。

“多惬意呀。”我说。

“怎么讲？引申一下。”她说。

“没什么。”我说。

过了一会儿，她说：“之所以愿意和你们交朋友，是看你们挺单纯的。……咱俩世界观、人生观有许多地方差异挺大。”等等。过了一会儿又说：“这地方真好，我想常来，又怕。”

“我可以陪你来。”我说。

“好吧！”

过了一会儿，又说：“咱们还不了解呀！”

1987年9月15日

向文焕表白，求爱。

1987年10月18日

经过一个多月的波折，文焕接受了我的求爱。

我终于有了真正意义上的恋人。

给青春期同学的话：我该如何选择恋人？

在你开始一份恋爱关系之前，是否认真地想过：你想找一个什么样的人一起生活？我们最看重的伴侣的品质特征又是什么呢？

拿出一张纸或笔记本，写下至少5条你认为在配偶或长期伴侣关系中对方重要的品质或特征，并且将这些特征按重要程度排序，第一个是最重要的。

每个人都有人生计划，不论这计划是伟大、是平凡、是具体，还是相对模糊的。我们看到婚恋成为很多人未来计划中的重要组成部分，甚至成为幸福与否的决定因素。

想象你愿意与什么样的人共度余生，或者希望选择什么样的人作为长期伴侣；写下你希望从那个人身上，或者从长期关系中得到什么：包括你期望的生活、你愿意被怎样对待以及什么是你不能忍受的；或者，如果你不希望今生拥有长期关系……

思考完这些问题，相信每个人心中都会明确自己的择偶观，理清需要的和不能忍受的品质，这样便有助于对未来伴侣的选择。去除性别刻板印象，塑造自己良好的人格特征；去除幻想成分，梳理出现实而理想的美好人生，这也是我们规划生活的一部分内容。

恋爱中的青少年，有一种常见的现象，便是整天黏在一起，卿卿我我的，仿佛不这样，便不足以表达彼此的深情。爱情是美好的，但美好的爱情是需要学习和操练的。不是自己觉得“我爱你”，就解决一切问题了。我们要问一下自己：为什么爱？爱什么？如何爱？

如果你已经处于恋爱中，那你既要看清楚自己，又要全面了解恋人。请你先静下心来，仔细分析自己是什么样的人，未来想要朝哪个方向发展；还要去了解清楚对方是个什么样的人，未来的发展方向是什么，你们的价值观一致吗，你觉得你们未来的目标一致吗。

相爱的两个人通常处在同一个思想水平上，有共同的话语，两个人注视着同一个地方，朝着同一目标奋进；爱不仅是情感上如胶似漆，更是为对方负责任，让对方发展得更好，并且让自我在爱中得到升华与完善。

请你思考：你在恋爱中，有没有激发出自己更多向上的动力？你有没有激发出恋人更多向上的动力？你们考虑如何平衡学业和爱情了吗？……

一对伴侣，要有精神上的平等，还要有精神上的相知，包括恋爱观、人生观、价值观上的一致性，如此才会爱得更深，爱得更久。

没有理想的人生是灰暗的，是看不到前途的；没有追求的日子是无聊的；没有共同理想和追求的爱情，是空洞的。所以，如果有同学正在恋爱，那么，就让你们的爱情升华，在共同追求人生美好前途的道路上，一起努力吧！

我的日记

1987 年 10 月 21 日　星期三

中午刚刚要上课去，一阵急促的敲门声，我的命运一下子又发生了转变。

文化局讲解员招工已录取的人里有几个不合格的，所以又将我提了上来，通知体检。

人生，真怪！

生活，真会捉弄人。

招工考试得第一名的，是一个漂亮的女孩子，我对她还有印象。结果政审的时候，发现她是被南开大学除名的，因为她在读大学的时候和男朋友发生了性关系，怀孕了，所以被开除了。因为这历史污点，招工时也没有要她。

理解青春期的关键词：意外怀孕

当年大学生谈恋爱都是有争议的，未婚性关系是受道德谴责的，未婚先孕更是极大的过错了，是要被开除的。在那样的主流文化影响下，女性的性是和她的婚姻、丈夫紧密相连的。婚外怀孕被视为“不洁”，是道德败坏的象征。

即使在今天，非婚生子女也很难得到户口、学习等社会保障福利。如果一个中学生，甚至大学生怀孕，还要受到处罚。大学生意外怀孕虽然不至于被开除，但中学女生怀孕，多数学校会视为“羞耻”，甚至会让女生转学。

显然，这是对女性的进一步伤害。意外怀孕从责任上一定不是女性一方的，但是从事后的追究上，无论是生理的痛苦、心理的压力、名誉，还是社会关系，女性往往要比男性付出更大的代价。我们有一个习惯性思维：这是不道德的，就要从社会制度的方方面面进行扼杀，而无需讨论行为者或者相关人本身作为一个人的权利。显然，这是不对的。

给青春期同学的话：意外怀孕怎么办？

过早发生意外怀孕还是会给自己的身心带来伤害的，所以，安全性行为、避孕是能够防患于未然的重要措施。

“怀孕是危机”，它传递给我们的一个信息就是怀孕既是麻烦又是机遇，当我们看到怀孕带给我们的机遇时，我们可能会消除一些焦虑。事情一旦发生了，就要接纳并积极地看待，这会对我们的人生有很大帮助。

在今天的中国，青春期女生意外怀孕后，通常会选择堕胎。初次怀孕的女性，其子宫还较为娇嫩，因此对于人工流产技术的要求更高，并且还要考虑其经济因素等，在此，医学专家推荐 3mm 宫腔镜取胚术。尤其适合早孕、未生育过的女性，可避免人流术中“盲刮”而导致的子宫内膜损伤，是一项保宫较好的人流技术。“3mm 宫腔镜取胚术”可以帮助女性较快地恢复健康，可以缩小对正常学习和生活造成的影响。

注意：一定要去正规医院，不要去小诊所；一定要得到成年人的帮助，比如请求父母陪伴同去。

青春期女生意外怀孕后，应该及时告诉父母，向父母请求帮助。不要害怕父母，他们可能很意外、很生气，但在这个重要时刻，相信他们会全力帮助你，毕竟他们是爱你的。

当然，如果你评估父母给你的惩罚和伤害会更大，那也可以向其他信赖的长辈求助。

求助对象还可能包括同学、朋友、信赖的心理老师……也可以与男友沟通，一起解决。

还可以进行网络求助，包括查找相应的资料等。这里要注意的是，网络信息未必真正科学，更好的求助方式是咨询正规的医疗机构，或者拨打有社会公信力的少女怀孕热线等。

女性不应因未婚并意外怀孕而感到价值贬损，男性和女性一样对避孕有着不可推卸的责任，导致女方意外怀孕的男性同样对此有责任，必须一同面对。对未婚先孕者的贬低，一方面是受到传统“贞操观”的影响，另一方面也是将自己的性道德观强加在别人身上的表现。所以，其一，自己不要自轻自贱；其二，不要因此看不起别人。

未婚先孕带给我们恐惧、无助的感觉，不仅需要坦然面对，而且要做到勇敢面对，认真处理好之后，也可以算是人生的一段经历。它能教会我们如何应对生活中的意外风险，如何承担责任，如何与我们的父母沟通，等等。

痛苦可以是最好的老师，让我们都能在关爱中健康成长。

我的日记

1987 年 12 月 4 日

约风子今天晚上来清心斋闲坐。她来了，进门便讲是还书来的，只能坐一刻钟。问她为什么，她却总是问：“文焕姐怎么没来？”其意自明。

送她到车站，车来了。

“再见。”

“再见。”

没有握手，没有交谈。一个车站，同样的冬夜，一个多月前的景象却记忆犹新。

看着车走了，不愿回家。去公园，南开公园。沿着我们曾经走过的路，想着我们曾经说过的话。声声在耳！犹如你就在我身边。

“你喜欢星星，还是月亮？”

“星星。”

“为什么？”

“因为它们是自由的。”

一对对擦肩而过的恋人不断回头好奇地审视着独自站在树下看月的我。

苦苦地思索人生！

我知道你是为了避嫌而去的，但是，友谊呢？我们的友谊就这样完了吗？难道今生再也不能相见了吗？

这一缕愁绪袭扰了我，占据了我的整个身心，使我终于放下笔，在昏暗的台灯灯光映照下，在房间里来回地踱步，然后随手写下一封信。

信的第一页纸上画了个大“？”占去2/3，下面是一气呵成的14个“难道”：

难道你不珍重这得之不易的纯洁的友谊？

难道你不相信我的心如你的心一样清澈？

难道除了爱情我们都不需要别样的柔情？

难道那友谊的诺言不过是寂寞时的慰藉？

难道世俗的浊雨也玷污了你雪样的灵魂？

难道这份柔情想忘掉就真会轻易地忘掉？

难道孤独磨难塑造了你自私狭隘的胸膛？

难道你真将朋友们放到你那记忆的域外？

难道青春的热情之火早早在你心中熄灭？

难道你真选择月亮和星星作唯一的知己？

难道你不再相信人生有爱有理解有关怀？

难道你的变化竟如此快如此让人难捉摸？

难道你忘了海河畔那橘黄的身影与言谈？

难道你忘了公园小路那关于星月的抒情？

写完，想寄给你。冷静了半个多小时，决定不寄了。我是了解你的，你有思想，有主见，你决定了的事情，总会有正确理由的。况且，我不愿在你高考复习的紧张阶段用这份柔情去干扰你。

我知道，你是不想因为自己的存在而影响我现在和焕焕的爱情的。我深深地懂你。只是，想到这次见面，也许是我们此生的最后一次见面，这让我情何以堪呀！

你在我的心里，无论见与不见，都会一直在那里。正如星星，永远在那里一样……

理解青春期的关键词：缺憾美

异性友谊很多时候都可以发展成爱情，所以它经常会招来许多流言蜚语，使人们面对渴望的友情止步不前。

结交异性朋友，在当年也是一件有争议的事情。中国青年出版社的《什么样的爱情最美好》一书中，有一位专家与一位女青年就此问题的通信。女青年在来信中写道："我和几个男青年保持了朋友关系，经常同这个划划船，同那个看看电影，想多接触接触再做选择，他们都对我有感情，给我送东西，我不好拒绝，就都收下了。可是，有人说我在爱情上不严肃，还有人指责我不道德。"

专家回复："恕我直言，我不能同意你对待爱情的态度。正如同志们所批评的，你这样处理恋爱问题，是不够严肃的。我这样说，是不是'非议'呢？不是，这是忠告。老实说，我真有些替你担心，这样下去，你既不可能得到真正的爱情，还会给几个男青年造成精神上的痛苦。所以，我诚心诚意地劝你：不要再这样做了，赶快严肃地处理个人生活问题。"

我们可以看到，这一回复完全没有搞清楚"朋友"与

“恋人”的界限，仿佛一起去划船，接受朋友的礼物，便是出格的事情，这实际上表现出当时社会的两性交往禁忌。

在我与风子的关系中，一直伴随着一种缺憾，但是，回过头来看，不正是因为有这缺憾，这份友情才变成心中永远的风景吗？人都有求全的欲望，当“全”成为目标时，追求的过程就更能激发人的动力，而“求得”就是“圆满”，圆满之后目标就达成，于是，心理得到满足，这种满足会使得心理动力减弱；而“不得”恰恰让人始终处于追求的、无限接近的“半饥渴”状态，心理满足永远达不到，动力也就永远存在。因为残缺，才有永恒，没得到的永远是好的，因此，吸引我们的未必是那个最好的本身，而恰恰可能是这种“求之不得”之感。

人生便是一次缺憾美的旅程。

后记

本书选录的日记，以我确定恋爱关系结束，记录了一个青春期男生的情爱求索。

从书中收录的日记可以看出，青春期的我即使算不上“学渣”，也连“中等生”都够不上。三次高考落榜，上了夜大，到一家博物馆当讲解员，存在许多心理问题……这样一个人未来的社会地位与人生，几乎可以确定好不到哪儿去。

但是，20 多年后，我却凭借自己的努力成为博士，成为大学老师，甚至成为专业领域的“名家”。这期间我走过的路，并不想在这里赘述，只想和青春期的同学和他们的父母们分享一点：无论命运把你抛到何处，只要心中有梦想、有追求，相信自己总会有出息！

最早萌发出版青春期日记的想法，是 2000 年前后。当时便从十多本日记中，圈出情爱部分，请人录入了，总计 20 多万字。但是又放了二十年，我才最后修订完成这本书。最终，只选择了我认为对读者有帮助的内容，加上了“理解青春期的关键词”和“给青春期同学的话”两部分，总计也不过 10 万字。

至此，这本日记已经超出了私人生活记录的层面，而是通过解剖我自己青春期的心路历程，使其成为理解青春期的一个样本。

我近年一直和青春期的同学们打交道，有意思的是，我发现隔了一代人，我当年所经历的情感，也正是今天许多青春期同学在经历的。也许，青春期的困窘，注定将这样一代一代传下去。只是希望读者可以从这本书中受到启发，少些困窘，多些快乐与幸福。

近年，我一直致力于培训性教育讲师，并且带领着他们写了很多文章和书籍。本书中“给青春期同学的话”这部分，我特意选用了多位讲师的文字，目的在于展示赋权型性教育工作者团队的力量。这些讲师是：赵丹、魏徐红、王艺、马文燕、方红、葛春燕、张杰、王晓斌、杨东、马桂霞、杨净雯、李海琛、王锐利、张一曼。

另外，本书“理解青春期的关键词”部分，朱雪琴也提供了许多帮助。在此一并致谢。

感谢青春。

方　刚

2020 年 2 月 6 日